Helena Ruthberg

KETOGENES

• KOCHBUCH •

Alle Ratschläge in diesem Buch wurden vom Autor und vom Verlag sorgfältig erwogen und geprüft. Eine Garantie kann dennoch nicht übernommen werden. Eine Haftung des Autors beziehungsweise des Verlags für jegliche Personen-, Sach- und Vermögensschäden ist daher ausgeschlossen.

Email: info@edition-lunerion.de
www.edition-lunerion.de

Psiana eCom UG
Berumer Str. 44
26844 Jemgum

Vorwort

Sie haben schon allerhand Diäten durchprobiert, jedoch nie langfristigen Erfolg gehabt? Sie träumen von der Bikinifigur, aber hungern möchten Sie dafür nicht? Und das Ganze soll vor allem auch gesund und schmackhaft sein? Was nach Wunschtraum klingt, kann mit ketogener Ernährung tatsächlich Realität werden, und dieses Express-Kochbuch zeigt Ihnen, wie das klappt!

Vom Frühstück über Vorspeisen und Snacks bis hin zu deftigen Hauptgerichten und raffinierten Desserts entdecken Veggies, Fleisch- und Fischfans hier eine Riesenauswahl an sättigenden Köstlichkeiten, die perfekt auf die Anforderungen ketogener Ernährung zugeschnitten sind.

Gesunde Inhaltsstoffe und voller Geschmack stehen hier im Vordergrund und die einfachen Schritt-für-Schritt-Rezepte sind dazu noch absolut alltags- und anfängertauglich.

Mit dem 28-tägigen Ernährungsplan gelingt Ihnen die Ernährungsumstellung noch leichter und Sie profitieren schon bald von beeindruckenden Erfolgen.

Guten Appetit!

INHALT

Grundlagen der Keto-Ernährung

Die ketogene Ernährung, oder auch die Keto-Diät, hat sich in den vergangenen Jahren zu einem Trend, sowohl im Bereich Sport als auch in der Medizin, entwickelt. Wer von dieser Art der Ernährung noch nichts gehört hat, kennt vielleicht die Low-Carb-Diät. Die ketogene Ernährung ist eine Form davon. Die Keto-Diät soll nicht nur optimal für die Gesundheit sein, sondern auch dabei helfen, schnell das Gewicht zu verlieren. Doch welche Hauptmerkmale stecken dahinter und wie gut ist es wirklich?

Ihren Ursprung hat die ketogene Ernährung in der Medizin. Im Jahr 1921 wurde sie erstmals für therapeutische Zwecke und als Hilfsmittel bei Epilepsien genutzt. Diese Form von Diät basiert auf gesundem Fasten und reduziert dabei stark die Kohlenhydrataufnahme, welche durch gesunde Fette und Eiweiße ersetzt werden. Durch den Mangel von Kohlenhydraten verändert sich der Stoffwechsel und es entsteht eine sogenannte Ketose. Aber was versteht man unter einer Ketose? Durch die Aufnahme von Kohlenhydraten gewinnt der Körper an Energie – fehlen diese, so muss sich der Körper diese auf einem anderen Weg verschaffen. So entstehen in der Leber Fette, die als Ketonkörper bezeichnet werden und welche beispielsweise dafür sorgen, dass unser Gehirn leistungsfähig bleibt. Der Körper wird also in eine Art Hungerstoffwechsel versetzt und dieser Vorgang an Fettgewinnung wird Ketose genannt.

Bei der ketogenen Ernährung, wie auch bei vielen anderen Diäten, müssen Sie auf bestimmte Lebensmittel verzichten. Doch bevor Sie mit der Keto-Diät anfangen, ist es sehr hilfreich, sich einen Ernährungsplan aufzustellen.

Es gibt verschiedene Gründe, weshalb die ketogene Ernährung angefangen wird – sei es der Wunsch abzunehmen oder aus gesundheitlichen Gründen. Je nach Ziel und Absicht variieren dabei die Werte der täglichen Portion von Kohlenhydraten.

Beispiel:

Keto-Diät mit wenig Kohlenhydraten < 20 g täglich

Keto-Diät mit niedrigen Kohlenhydraten 20 - 50 g täglich

Keto-Diät mit freigiebig niedrigen Kohlenhydraten 50 - 100 g täglich

Doch welche Lebensmittel dürfen verzehrt werden? Folgende Produkte dürfen Sie bei einer ketogenen Ernährung essen:

•**Jegliche Art von Fleisch:** Hähnchen, Schinken, Pute, Bacon, Wurst, Speck usw.

•**Alle Sorten von Fisch**

•**Vollmilchprodukte:** Käse, Sahne, Butter, Joghurt

•**Nüsse und Samen**

•**Kohlenhydratarmes Gemüse:** Tomaten, Gurken, Salate, Avocado, Brokkoli usw.

•**Gesunde Öle:** Olivenöl, Kokosöl, Leinöl, Erdnussöl, Sojaöl usw.

Nicht erlaubte Produkte sind:

•**Getreide und Getreideprodukte:** Brot, Nudeln, Reis, Müsli, Kartoffeln

•**Hülsenfrüchte**

•**Früchte:** Äpfel, Bananen und alle, die einen hohen Anteil an natürlichem Zucker haben

•**Fettarme Milchprodukte**

•**Zuckerhaltige Lebensmittel:** Kuchen, Süßigkeiten, Fertiggerichte

WIRKUNG DER KETO-DIÄT

Ketogene Ernährung ist eine gesunde und einfache Methode, um Gewicht zu reduzieren. Viele Studien haben gezeigt, dass sie sogar effektiver ist als eine fettreduzierte Diät. Die Keto-Diät verhilft außerdem bei einer großen Anzahl von chronischen Krankheiten. Besonders bei Sportlern ist diese Form der Ernährung sehr beliebt, da der Körper darauf getrimmt wird, Energie aus eigenen Fettspeichern herzustellen. Der Körper kann somit langen Belastungen standhalten und die mentale Leistung wird gesteigert. Doch Sie müssen beachten, dass der Organismus mindestens eine Woche benötigt, um sich an die neue Umstellung zu gewöhnen und sich dieser anzupassen. Es ist außerdem ebenfalls wichtig, eine ausreichende Abwechslung der Lebensmittel und Produkte zu haben. Nach dem Erreichen des gewünschten Diätziels braucht der Körper zunächst ebenfalls Zeit, da wieder mehr Kohlenhydrate aufgenommen werden. Wer diese Form der Diät über längere Zeit praktizieren möchte, muss unbedingt darauf achten, so abwechslungsreich wie möglich zu essen. Bei medizinischen Gründen sollte zuvor immer ein Arzt aufgesucht und der Ernährungsplan mit ihm abgesprochen werden. Auch beim Reduzieren des Gewichts mithilfe der ketogenen Ernährung soll diese vorerst nach ärztlicher Absprache erfolgen.

EINKAUFSTIPPS

Mit dem Beginn der ketogenen Ernährung werden Sie sich sicherlich fragen, welche Lebensmittel Sie als üblichen Vorrat zu Hause haben sollten. Diese Form von Ernährung muss nicht unbedingt teurer sein als der übliche Einkauf. Wichtig dabei ist, dass die Produkte nicht fettreduziert sind. Vor dem Einkauf ist es sehr hilfreich, eine Einkaufsliste vorzubereiten, da es gerade am Anfang schwer sein könnte, sich die Lebensmittel und Kohlen-hydrate zu merken. Auch ein Tages- oder Wochenplan für die Gerichte erleichtert das Einkaufen und Einhalten von Regeln enorm. So kommen Sie nicht in eine Situation, in der Sie Hunger haben, aber keine ketogenen Lebensmittel zur Hand haben. Auch die Getränkewahl spielt dabei eine wichtige Rolle. Bei einer ketogenen Ernährung sind solche Softdrinks wie Cola, Limonade oder andere zuckerhaltige Getränke auszuschließen, denn hoher Zuckergehalt deutet auf reichlich Kalorien und Kohlenhydrate hin.

Tipp:
Ein weiterer Tipp, um sich an die Form der Ernährung zu halten, ist es, möglichst regional einzukaufen, da viele regionale Waren oft günstiger sind als die Importware. Außerdem werden diese frisch verkauft und schmecken einfach besser!

Wenn Sie sich beim Einkauf an dem Saisonkalender orientieren, können Sie ebenfalls etwas Geld sparen. Der Preis vieler Produkte ist saisonabhängig und deswegen ist es vorteilhaft, sich mit den Lebensmitteln auseinanderzusetzen und zu schauen, welche Produkte zu welchem Zeitpunkt preiswerter sind. So ist beispielsweise Gemüse, wie Spinat oder Radieschen, im Frühling günstiger, da die Auswahl größer ist. Und im Sommer ist die Zeit für Beeren und es gibt ein großes Repertoire an Gemüse wie Gurken oder Tomaten.

Frühstück

WRAPS MIT HÄHNCHENBRUSTFILET

4 Port. 35 Min. Leicht

Zutaten

Teig

100 g Frischkäse
100 g Magerquark
4 Eier
100 g gemahlene Mandeln
2 EL Leinsamen
Je 1 Prise Salz & Pfeffer
1 Prise Muskatnuss
4 EL Rapsöl

Belag

50 g Rucola
2 Tomaten
2 Frühlingszwiebeln
125 g Mozzarella
4 Scheiben Hähnchenbrustaufschnitt
4 EL Mayonnaise
Je 1 Prise Salz & Pfeffer

Nährwerte p. P.

523 kcal
8 g Kohlenhydrate
43 g Fett
22 g Eiweiß

1 Rühren Sie für den Teig Frischkäse, Quark und Eier glatt in einer Schüssel. Verrühren Sie anschließend die gemahlenen Mandeln und Leinsamen mit den Zutaten, bis der Teig glatt wird. Mit Salz, Pfeffer und Muskatnuss würzen.

2 Erhitzen Sie in einer Pfanne etwas Rapsöl. Geben Sie jeweils eine Schöpfkelle mit dem Teig in die Pfanne und backen Sie diese, bis sie auf beiden Seiten goldbraun sind. Legen Sie die Wraps auf Küchenpapier zum Abtropfen und halten Sie diese im Ofen bei 70 Grad Umluft oder bei 90 Grad Ober- und Unterhitze warm.

3 Waschen Sie Rucola, Tomaten und Frühlingszwiebeln. Die Tomaten in feine Scheiben schneiden. Bei den Frühlingszwiebeln die Enden abschneiden und in Röllchen schneiden.

4 Schneiden Sie den Mozzarella in Scheiben. Bestreichen Sie die Wraps mit Mayonnaise und belegen Sie diese mit Hähnchenbrustaufschnitt, Rucola, Tomaten, Frühlingszwiebeln und Mozzarella. Nachfolgend mit Salz und Pfeffer würzen und fest einrollen.

FRÜHSTÜCKSPIZZA MIT SPIEGELEI

4 Port. 30 Min. Leicht

Zutaten

2 frische Low-Carb-Teige
100 g Brie
4 EL grünes Pesto
4 EL Speckwürfel
4 Eier
4 Stiele frisches Basilikum
Etwas Salz & Pfeffer

Nährwerte p. P.

466 kcal
12 g Kohlenhydrate
37 g Fett
25 g Eiweiß

1 Heizen Sie zuerst den Backofen auf 200 Grad Umluft oder auf 220 Grad Ober- und Unterhitze vor. Legen Sie das Backpapier auf ein Backblech und geben Sie den Teig darauf. Stechen Sie mehrere Löcher mithilfe einer Gabel in den Teig. Backen Sie den Teig circa 5 Minuten vor und nehmen Sie ihn anschließend aus dem Ofen.

2 Würfeln Sie den Brie. Verstreichen Sie das Pesto auf dem Teig und verteilen Sie den gewürfelten Brie und die Speckwürfel darauf. Schieben Sie die Pizza nochmals für circa 2 - 3 Minuten in den Ofen, damit der Käse etwas schmilzt.

3 Schlagen Sie die Eier auf und lassen Sie den Inhalt auf die Pizza gleiten. Anschließend im Ofen weitere 7 Minuten garen, bis die Eier den bevorzugten Garpunkt erreicht haben.

4 Nehmen Sie die Pizza aus dem Ofen und würzen Sie diese mit Salz und Pfeffer. Garnieren Sie diese anschließend mit frischem Basilikum.

BREAKFAST-EIER MIT GRIECHISCHEM JOGHURT

6 Port. | 25 Min. | Leicht

Zutaten

6 Eier
2 EL Mayonnaise
1 EL griechischer Joghurt
½ TL Senf
¼ TL weißer Pfeffer
¼ TL Salz
¼ TL Paprikapulver
1 rote Paprika
Etwas getrocknete Petersilie
Etwas getrockneter Schnittlauch

Nährwerte p. P.

105 kcal
0 g Kohlenhydrate
8 g Fett
7 g Eiweiß

1 Kochen Sie die Eier in einem Kochtopf in Salzwasser, bis diese hart sind.

2 Die fertig gekochten Eier von der Schale befreien und diese der Länge nach teilen.

3 Das Eigelb rausnehmen und zusammen mit Mayonnaise, Senf sowie Salz und Pfeffer in eine Schüssel geben.

4 Die Eigelb-Mischung in einen Spritzbeutel mit einer breiten Öffnung umfüllen und jede Eiweißhälfte mit der Füllung versehen.

5 Paprika in kleine Scheiben schneiden und die Eiweißhälften damit garnieren. Zum Schluss mit Petersilie und Schnittlauch bestreuen.

PFANNKUCHEN AUF KETOGENE ART

6 Port. 45 Min. Leicht

Zutaten

200 g Magerquark
6 EL Apfelmus ohne Zuckerzusatz
3 EL gemahlene Mandeln
2 EL Flohsamenschalen
6 Eier
5 EL Ahornsirup
1 TL Olivenöl
½ Zimt, gemahlen

Nährwerte p. P.

241 kcal
15 g Kohlenhydrate
12 g Fett
15 g Eiweiß

1 Geben Sie alle Zutaten in eine große Schüssel und verrühren Sie mithilfe eines Handrührgeräts alles gründlich miteinander.

2 Den fertigen Teig 5 - 10 Minuten zur Seite stellen.

3 In einer Pfanne etwas Olivenöl auf mittlerer Stufe erhitzen. Jeweils eine Schöpfkelle in die Pfanne geben und den Pfannkuchen von jeder Seite 3 – 4 Minuten anbraten, bis dieser goldbraun ist.

4 Den fertigen Pfannkuchen auf Tellern servieren und mit etwas Ahornsirup und Zimt garnieren.

FLUFFIGE KETOGEN-PFANNKUCHEN

6 Port. | 35 Min. | Leicht

Zutaten

120 g Frischkäse, Doppelrahmstufe
100 g gemahlene Mandeln
30 g Erythrit
2 TL Backpulver
½ Vanilleschote

Optional
ein paar Himbeeren oder Heidelbeeren zum Dekorieren

Nährwerte p. P.

212 kcal
2 g Kohlenhydrate
18 g Fett
9 g Eiweiß

1 Für den Pfannkuchenteig alle Zutaten in eine Schüssel geben und mit einem Handrührgerät verrühren. Damit die Pfannkuchen fluffig werden, den Teig für 10 Minuten ruhen lassen.

2 Heizen Sie eine Pfanne mit etwa 1 TL Butter vor und geben Sie 5 EL vom Teig pro Pfannkuchen in die Pfanne.

3 Braten Sie die Pfannkuchen etwa 3 – 4 Minuten bei einer mittleren Hitze von einer Seite an und wenden Sie sie mithilfe eines Pfannenwenders auf die andere Seite. Braten Sie die Pfannkuchen auf der anderen Seite 1 - 2 Minuten, bis sie goldbraun werden.

4 Legen Sie die fertigen Pfannkuchen auf den Teller und dekorieren Sie diese optional mit ein paar frischen Beeren. Genießen Sie die Pfannkuchen warm oder kalt!

BACONMUFFINS MIT EI

4 Port. 30 Min. Mittel

Zutaten

8 Scheiben Bacon
4 Eier
Etwas Butter

Nährwerte p. P.

158 kcal
0 g Kohlenhydrate
12 g Fett
10 g Eiweiß

1 Heizen Sie zuerst den Ofen auf 200 Grad Ober- und Unterhitze oder auf 180 Grad Umluft vor.

2 Fetten Sie vier Mulden einer Muffinform mit etwas Butter ein. Am besten eignen sich dafür die Silikon-Muffinformen, da sie sich deutlich einfacher reinigen lassen.

3 Legen Sie jeweils zwei Scheiben Bacon um den Rand der Mulden, mit der fettigen Baconseite nach unten. Damit diese besser halten, benutzen Sie Zahnstocher – stecken Sie diese ringsum in den Bacon, um ihn zu fixieren.

4 Backen Sie die Baconmuffins circa 10 – 12 Minuten im Ofen. Holen Sie anschließend diese aus dem Ofen und stellen Sie die Hitze auf 160 Grad Ober- und Unterhitze oder auf 140 Grad Umluft. Entfernen Sie die Zahnstocher und schlagen Sie jeweils ein Ei in die Baconmuffins ein.

5 Backen Sie die Baconmuffins mit den Eiern weitere 10 - 15 Minuten, bis die Eier in der Mitte etwas fester sind.

6 Servieren Sie die fertigen Baconmuffins mit Ei aus dem Ofen auf den Tellern.

LEINSAMEN MIT ERDNUSSTOPPING-BREAKFAST

2 Port. 25 Min. Leicht

Zutaten

2 EL Flohsamenschalen
2 EL Chiasamen
2 EL Leinsamen
2 EL Proteinpulver
2 EL Erythrit
6 EL Kokosmilch
400 ml Wasser

Toppings

2 TL Erdnussbutter
60 g Heidelbeeren
1 Handvoll gehackte Mandeln

Nährwerte p. P.

368 kcal
12 g Kohlenhydrate
26 g Fett
13 g Eiweiß

1 Mischen Sie Flohsamen, Chiasamen und Leinsamen zusammen und geben Sie alles in eine Schale. Wärmen Sie das Wasser etwas auf und gießen Sie warmes Wasser in die Masse. Anschließend rühren Sie alle Zutaten zügig um.

2 Die Masse rasten lassen, anschließend alle paar Minuten umrühren.

3 Proteinpulver, Erythrit und Kokosmilch dazurühren.

4 Teilen Sie die Masse auf zwei Schalen auf und dekorieren Sie diese mit Erdnussbutter, Heidelbeeren und gehackten Mandeln.

POWER-BOWL MIT HAFERFLOCKEN UND BLAUBEEREN

2 Port. | 11 Std. 10 Min. | Leicht

1 Mischen Sie die Chiasamen mit der ungesüßten Mandelmilch und stellen Sie diese Mischung über Nacht in den Kühlschrank, um einen Chia-Pudding zu bekommen.

2 Fügen Sie eine weitere Tasse erhitzte Mandelmilch hinzu, wenn Sie ein warmes Müsli bevorzugen.

3 Rühren Sie Sacha-Inchi-Pulver, Hanfsamen und ungesüßte Kokosmilch unter.

4 Anschließend mit Walnüssen und Blaubeeren garnieren und in zwei Schälchen servieren.

Zutaten

2 TL Chiasamen
½ Tasse ungesüßte Mandelmilch
½ Tasse ungesüßte Mandelmilch, erhitzt
1 TL Sacha-Inchi-Pulver
2 TL Hanfsamen
2 TL ungesüßte Kokosmilch
15 g Walnüsse
¼ Tasse Blaubeeren

Nährwerte p. P.

213 kcal
8 g Kohlenhydrate
15 g Fett
11 g Eiweiß

FRÜHSTÜCKS-FRITTATA MIT SPECK

6 Port. 35 Min. Leicht

Zutaten

200 g Speck
3 EL Speckfett
30 g Zwiebeln
2 Knoblauchzehen
40 g rote Paprika
40 g orange Paprika
6 Eier
40 g griechischer Joghurt
50 ml Sahne
40 g weißer Cheddar, gerieben
¼ TL Salz
¼ TL Pfeffer
¼ TL Thymian
100 g Ziegenkäse, zerkrümelt
10 Kirschtomaten
2 EL Basilikum
1 Avocado

Nährwerte p. P.

472 kcal
3 g Kohlenhydrate
42 g Fett
18 g Eiweiß

1 Schneiden Sie den Speck in kleine Würfel und garen Sie diesen in einer Pfanne bis zum gewünschten Gargrad. Bewahren Sie das Speckfett auf.

2 Hacken Sie Zwiebel, Knoblauchzehe und Paprika fein, verteilen Sie die Zutaten gleichmäßig in der Pfanne und braten Sie diese im Speckfett an, bis diese weich sind.

3 Verquirlen Sie in einer großen Schüssel die Eier zu einer homogenen Konsistenz. Fügen Sie Sahne und Joghurt hinzu und rühren Sie alles zu einer glatten Masse.

4 Cheddar, Salz, Pfeffer und Thymian in die Eiermasse geben und gründlich vermischen.

5 Den Speck gleichmäßig über die Paprika-Zwiebel-Mischung in der Pfanne verteilen und die Eiermasse anschließend dazugießen. Bestreuen Sie das Ganze mit zerbröseltem Ziegenkäse.

6 Heizen Sie den Ofen auf 200 Grad Ober- und Unterhitze oder auf 180 Grad Umluft vor.

7 Backen Sie die Frittata in der Pfanne 20 - 30 Minuten im Ofen, bis diese am Rand fest und in der Mitte etwas weich ist. Die Frittata am besten sofort servieren, allerdings schmeckt sie auch aufgewärmt sehr gut.

Salate

GEMÜSE-SALAT MIT WURST

4 Port. | 1 Std. 15 Min. | Leicht

Zutaten

300 g Lyoner Wurst
200 g Gouda
100 g Gewürzgurken
100 g Paprika
1 Schalotte
3 EL Olivenöl
6 EL Weißweinessig
Etwas Gurkenwasser
Etwas Salz & Pfeffer

Nährwerte p. P.

514 kcal
2 g Kohlenhydrate
46 g Fett
20 g Eiweiß

1 Schneiden Sie die Lyoner Wurst und den Käse in feine Streifen.

2 Zerkleinern Sie Gewürzgurken, Paprika und Schalotte ebenfalls in Streifen oder in kleine Würfel.

3 Geben Sie alle Zutaten in eine Salatschüssel und vermengen Sie diese gründlich mit Olivenöl, Weißweinessig und Gurkenwasser.

4 Würzen Sie den Salat anschließend mit Salz und Pfeffer nach Ihrem Geschmack.

5 Sie können den Salat etwa 60 Minuten stehen lassen, damit dieser besser einziehen kann.

KETOGENER TOFU-SALAT

2 Port. 30 Min Mittel

Zutaten

Dressing

15 g frische rote Zwiebeln
40 g Gewürzgurke ohne Zucker
1 EL Gurkenwasser
100 g Mayonnaise
50 g Crème fraîche
1 TL Worcestershiresauce
½ TL Cayennepfeffer
Je 1 Prise Salz & Pfeffer

Salat

30 g frische rote Zwiebeln
40 g frische Tomaten
80 g Salatgurke
80 g Römersalat
20 g Rucola
1 Dose Thunfisch

Nährwerte Salat p. P.

364 kcal
15 g Kohlenhydrate
25 g Fett
23 g Eiweiß

1 Waschen Sie die Konjaknudeln unter kaltem Wasser ab und tropfen Sie diese gut ab.

2 Rösten Sie Sesamkörner in einer Pfanne ohne Fett und vermischen Sie diese anschließend mit Limettensaft, Sojasoße und Gemüsebrühe.

3 Zerkleinern Sie Asant fein und braten Sie die Stückchen bei mittlerer Temperatur in einer Pfanne mit Sesamöl an. Fügen Sie diese anschließend zur Dressing-Mischung hinzu.

4 Grüne Bohnen und Chinakohl in dünne Streifen schneiden und für 1 - 2 Minuten in kochendem Wasser blanchieren. Das Kimchi ebenfalls in Streifen schneiden und mit dem blanchierten Gemüse vermengen. Anschließend auf den Tellern anrichten.

5 Rösten Sie Erdnüsse in einer Pfanne ohne Öl. Tofu und Austernpilze mit Kokosöl rundherum goldbraun und knusprig braten. Mit etwas Sojasoße beträufeln, salzen und pfeffern und auf den fertigen Nudelsalat legen.

6 Garnieren Sie den Nudelsalat mit Tofu mit gerösteten Erdnüssen.

SOMMER-SALAT MIT SPECK UND HÜHNCHEN

2 Port. 25 Min. Leicht

Zutaten

6 Scheiben Speck
1 Avocado
200 g Hühnerbrust
60 g Cheddar-Käse, gerieben oder als Stück
2 Eier
2 Köpfe Römersalat
2 EL Olivenöl
2 EL Apfelessig
Je 1 Prise Salz & Pfeffer

Nährwerte p. P.

365 kcal
5 g Kohlenhydrate
55 g Fett
52 g Eiweiß

1 Waschen Sie zuerst den Salat, schneiden Sie diesen und geben Sie ihn in eine Salatschüssel.

2 Füllen Sie einen Topf mit ausreichend Wasser und kochen Sie das Wasser bei mittlerer Hitze, bis es anfängt zu kochen. Legen Sie anschließend die Eier hinein und reduzieren Sie die Hitze auf ein leichtes Köcheln. Sobald die gewünschte Garzeit erreicht ist, nehmen Sie die Eier aus dem Topf heraus.

3 Braten Sie währenddessen den Speck an, bis er eine angenehme Knusprigkeit erreicht hat.

4 Schneiden Sie anschließend alle weiteren Zutaten in kleine Stückchen und geben Sie die Zutaten zusammen mit den Eiern und dem Speck in die Salatschüssel hinein.

5 Reiben Sie den Cheddar fein und verteilen Sie diesen in einzelnen Stapeln auf dem Salat, um eine Bowl-Optik zu erzielen. Würzen Sie den Salat anschließend mit Salz und Pfeffer.

6 Fügen Sie Olivenöl und Apfelessig in ein kleines Glas hinein und vermischen Sie alles miteinander, bis eine sämige Konsistenz erreicht ist.

7 Übergießen Sie den fertigen Salat mit der Öl-Essig-Mischung.

SOMMERLICHER AVOCADO-TOMATEN-SALAT

2 Port. | 25 Min. | Leicht

Zutaten

½ Bio-Limette
½ rote Zwiebel
3 Tomaten
1 Avocado
Gemahlener Koriander
Gemahlener Kreuzkümmel
Etwas Salz
Etwas Cayennepfeffer

Nährwerte p. P.

169 kcal
10 g Kohlenhydrate
13 g Fett
3 g Eiweiß

1 Waschen Sie die Limette und reiben Sie etwas von der Schale fein ab. Pressen Sie anschließend den Saft aus.

2 Schälen Sie die Zwiebeln und würfeln Sie diese fein. Schneiden Sie die Tomaten und würfeln Sie diese ebenfalls klein.

3 Befreien Sie die Avocado vom Kern und schneiden Sie das Fruchtfleisch in Würfel.

4 Limettensaft, Zwiebelwürfel, 1 Prise Koriander, 1 Prise Kreuzkümmel, Salz und Cayennepfeffer in eine Schale geben und miteinander vermischen.

5 Avocado und Tomaten untermischen. Den Salat circa 10 Minuten ziehen lassen.

NUDELSALAT AUS ZUCCHINI

2 Port. 25 Min. Leicht

Zutaten

16 kleine Tomaten
Etwas Salz
Etwas Pfeffer
2 Knoblauchzehen
12 schwarze Oliven
200 g Feta-Käse
10 EL Olivenöl
4 mittelgroße Zucchini

Utensilien

Spiralschneider

Nährwerte p. P.

804 kcal
21 g Kohlenhydrate
70 g Fett
24 g Eiweiß

1 Heizen Sie den Ofen auf 200 Grad Ober- und Unterhitze oder auf 180 Grad Umluft vor.

2 Schneiden Sie die Tomaten in zwei Hälften und legen Sie diese in eine Auflaufform mit der Schnittseite nach oben. Würzen Sie das Ganze mit Salz, Pfeffer und den zerkleinerten Knoblauchzehen.

3 Vierteln Sie die Oliven und zerkrümeln Sie den Feta-Käse. Verteilen Sie anschließend die beiden Zutaten über den Tomaten. Träufeln Sie etwas Olivenöl darüber und backen Sie es für circa 10 Minuten im Ofen.

4 Währenddessen die Zucchininudeln mithilfe eines Spiralschneiders zubereiten. Das verbliebene Olivenöl in einer Pfanne erwärmen und die Nudeln für ungefähr 2 Minuten braten, dabei mit Salz und Pfeffer abschmecken.

5 Anschließend zusammen mit dem Ofen-Feta anrichten und servieren.

BROKKOLI-SALAT MIT BACON

2 Port. 30 Min. Leicht

Zutaten

500 g Romanesco
500 g Brokkoli
3 Frühlingszwiebeln
125 g Scheiben Bacon
125 g Ziegenfrischkäse
1 TL Apfelessig
2 EL Olivenöl
Etwas Salz & Pfeffer

Nährwerte p. P.

658 kcal
8 g Kohlenhydrate
55 g Fett
28 g Eiweiß

1 Entfernen Sie die Röschen vom Brokkoli und Romanesco.

2 Bringen Sie etwas Wasser in einem großen Topf zum Kochen und garen Sie die Röschen für 4 - 5 Minuten, bis sie bissfest sind.

3 Gießen Sie das Wasser ab und stellen Sie die gegarten Röschen zur Seite.

4 Braten Sie die Scheiben Bacon in einer Pfanne ohne zusätzliches Fett knusprig an und kühlen Sie diese ab. Anschließend schneiden Sie diese in Stücke und stellen sie beiseite.

5 Schneiden Sie die Frühlingszwiebeln in feine Ringe.

6 Geben Sie den Ziegenfrischkäse in eine große Schüssel und vermischen Sie diesen mit Apfelessig und Olivenöl. Fügen Sie die geschnittene Frühlingszwiebel hinzu und schmecken Sie das Dressing anschließend mit Salz und Pfeffer ab.

7 Heben Sie nun die Brokkoli- und Romanescoröschen unter das Dressing.

8 Garnieren Sie den Gemüsesalat mit den zerkleinerten Scheiben Bacon.

Brote

BAUERNBROT

1 Port. 1,5 Std. Leicht

Zutaten

400 g Bröseltopfen
4 Eier
100 g Flohsamen
1 Päckchen Backpulver
100 ml kochendes Wasser
2 EL Essig
Etwas Salz

Nährwerte p. P.

33 kcal
1 g Kohlenhydrate
1 g Fett
2 g Eiweiß

1 Heizen Sie den Ofen auf 150 Grad Umluft vor.

2 Vermengen Sie die Eier mit einer Prise Salz in einer Schale. Sobald sie gut aufgeschlagen sind, geben Sie den Quark hinzu.

3 Währenddessen rühren Sie alle trockenen Zutaten zusammen und geben diese in die Schüssel. Sobald sie gut vermischt sind, geben Sie kochendes Wasser und Essig hinzu. Rühren Sie alles noch einmal um und stellen Sie den Teig für 15 - 20 Minuten zum Ruhen zur Seite.

4 Formen Sie anschließend den Teig mit den Händen zu einem Brotlaib. Bestreuen Sie das Brot mit Kartoffelfasern, falls gewünscht, und ziehen Sie mit einem Messer ein paar Linien auf dem Teig.

5 Backen Sie das Brot anschließend circa 90 Minuten im Backofen.

MEHRKORNBROT

1 Port.
1 Std. 5 Min.
Leicht

Zutaten

5 Eier
½ TL Salz
50 ml Olivenöl
100 g Leinsamen
200 g Nuss-Mischung
100 g Sonnenblumenkerne
50 g Kürbiskerne
50 g Sesam

Utensilien

Backform

Nährwerte p. P.

24 kcal
0 g Kohlenhydrate
0 g Fett
2 g Eiweiß

1 Heizen Sie den Ofen auf 160 Grad Ober- und Unterhitze vor.

2 Schlagen Sie in einer Schüssel die Eier zusammen mit dem Salz auf. Fügen Sie Olivenöl hinzu und vermengen Sie alles gut miteinander.

3 Nüsse, Körner und Saaten nach Wunsch zerkleinern, diese zur Mischung hinzufügen und alles gründlich durchrühren.

4 Die fertige Nussmischung in eine mit Backpapier ausgelegte Backform geben und auf mittlerer Schiene 60 Minuten backen.

5 Das fertige Brot anschließend abkühlen lassen und servieren.

KNÄCKEBROT MIT CHEDDAR

28 Stk. | 50 Min. | Leicht

Zutaten

180 g Sesam
120 g Sonnenblumenkerne
50 g Cheddar, gerieben
2 Eier
1 EL Chiasamen
120 ml Wasser, lauwarm
¼ TL Salz
Etwas Kokosöl

Nährwerte p. P.

32 kcal
1 g Kohlenhydrate
2 g Fett
1 g Eiweiß

1 Heizen Sie den Ofen auf 170 Grad Umluft vor.

2 Schlagen Sie die Eier in einer Schüssel auf und vermischen Sie alle Zutaten gründlich.

3 Bereiten Sie ein Backblech vor, legen Sie dieses mit Backpapier aus und fetten Sie es großzügig ein. Verstreichen Sie anschließend den Teig auf dem Backpapier. Je dünner der Teig, desto knuspriger das Endergebnis. Backen Sie das Knäckebrot 20 Minuten.

4 Nehmen Sie das Blech aus dem Ofen und schneiden Sie circa 18 Scheiben vor. Backen Sie die Scheiben für weitere 20 Minuten im Backofen.

KETO-BROT MIT SONNENBLUMENKERNEN

1 Port. | 1 Std. 20 Min. | Leicht

Zutaten

165 g Leinsamenmehl
50 g Sonnenblumenkerne
30 g Flohsamenschalen
2 TL Backpulver
½ TL Salz
3 Eier
250 ml Wasser, lauwarm

Nährwerte p. P.

119 kcal
1 g Kohlenhydrate
6 g Fett
10 g Eiweiß

1 Heizen Sie den Ofen auf 180 Grad Ober- und Unterhitze vor.

2 Vermischen Sie in einer Schüssel Leinsamenmehl, Sonnenblumenkerne, Flohsamenschalen, Backpulver und Salz.

3 In einer anderen Schüssel schlagen Sie die Eier mit Wasser mit einem Schneebesen zusammen.

4 Fügen Sie die flüssigen Zutaten zu den trockenen hinzu und rühren Sie die Masse kurz um, bis alle Zutaten angefeuchtet sind. Stellen Sie anschließend den Teig zum Ruhen zur Seite.

5 Legen Sie ein Backblech mit Backpapier aus, geben Sie den Teig auf das Backblech und formen Sie mit den Händen einen Brotlaib. Schneiden Sie die Oberfläche Leicht mit einem Messer ein.

6 Backen Sie das Brot circa 60 Minuten im Backofen und holen Sie es anschließend zum vollständigen Abkühlen heraus.

COTTAGE-CHEESE-BROT

1 Port. 1 Std. 10 Min. Leicht

Zutaten

100 g Mandeln, gemahlen
50 g Goldleinsamen
20 g Kokosmehl
50 g Flohsamenschalen, gemahlen
50 g Chiasamen
50 g Sonnenblumenkerne
1 Packung Weinsteinbackpulver
1 TL Salz
3 TL Brotgewürz
2 Packungen Trockenhefe
3 EL Apfelessig
5 Eier
250 g Cottage Cheese
Etwas Sesam

Nährwerte p. P.

76 kcal
1 g Kohlenhydrate
5 g Fett
4 g Eiweiß

1 Heizen Sie den Ofen auf 200 Grad Ober- und Unterhitze vor.

2 Zerkleinern Sie Goldleinsamen, Chiasamen und Sonnenblumenkerne fein. Geben Sie die zerkleinerten Körner zusammen mit den verbliebenen trockenen Zutaten in eine Schüssel.

3 Verquirlen Sie die Eier mit dem Cottage Cheese, bis Stückchen des Käses nicht mehr zu sehen sind. Fügen Sie Apfelessig hinzu und vermischen Sie die Mischung mit den trockenen Zutaten. Rühren Sie etwas um, bis der Teig etwas eindickt. Die Masse soll anschließend für 5 Minuten ruhen.

4 Legen Sie die Teigmasse auf ein Backpapier und formen Sie diese mit feuchten Händen zu einem Laib. Bestreuen Sie den Laib mit Sesam.

5 Platzieren Sie das Backpapier mit dem Brotteig auf einem Gitterrost und backen Sie es circa 45 Minuten im Backofen.

6 Nehmen Sie das fertige Brot aus dem Ofen und kühlen Sie es auf einem Küchenpapier ab.

KLASSISCHES KETO-BROT

1 Port. | 1 Std. | Mittel

Zutaten

5 Eier
40 g Kartoffelfasern
30 g Eiklarpulver
80 g Goldleinmehl, teilentölt
55 g Flohsamenschalen
100 g Bambusfasern
1 Päckchen Weinsteinbackpulver
1 TL Salz
10 g Brotgewürz
250 g Magerquark
400 ml Wasser
50 ml Apfelessig

Optional

17 g Inulin
1 Päckchen Trockenhefe
10 g Bambusfasern

Nährwerte p. P.

66 kcal
1 g Kohlenhydrate
1 g Fett
6 g Eiweiß

1 Heizen Sie den Ofen auf 200 Grad Ober- und Unterhitze vor.

2 Geben Sie alle flüssigen Zutaten in eine Schale. Fügen Sie anschließend alle trockenen Zutaten hinzu. Vermischen Sie das Ganze mit dem Handmixer auf der höchsten Stufe, maximal 15 Sekunden, um einen gleichmäßigen Teig zu erhalten. Der fertige Teig soll 3 - 5 Minuten ruhen.

3 Wenn der Teig fertig ist, formen Sie mit feuchten Händen einen Laib und platzieren diesen auf einem Backpapier.

4 Positionieren Sie den Teig zusammen mit dem Backpapier auf dem Gitterrost auf die mittlere Schiene des Backofens und backen Sie diesen 55 Minuten.

5 Anschließend das Brot herausnehmen und vollständig abkühlen lassen.

KÜRBISKERN-BAGUETTE

8 Port. 35 Min. Leicht

Zutaten

120 g Mandelmehl, nicht entölt
200 g Flohsamenschalen, gemahlen
40 g Eiklarpulver
1 TL Salz
100 g Bambusfasern
1 Päckchen Trockenhefe
5 g Natron
130 g Sauerrahm
30 ml Apfelessig
300 ml Wasser, lauwarm
45 g weiche Butter
50 g gehackte Kürbiskerne
15 g Sesamkörner
10 g Bambusfasern

Utensilien

Baguette-Förmchen

Nährwerte p. P.

262 kcal
2 g Kohlenhydrate
19 g Fett
10 g Eiweiß

1 Heizen Sie den Ofen auf 200 Grad Ober- und Unterhitze vor.

2 Vermischen Sie zunächst alle trockenen Zutaten in einer Schale. Fügen Sie anschließend in der folgenden Reihenfolge die Zutaten hinzu: Apfelessig, Wasser, Sauerrahm und schließlich weiche Butter. Verrühren Sie die Masse mit einem Handrührgerät auf höchster Stufe maximal 15 Sekunden. Es soll eine einheitliche, leicht klebrige und weiche Konsistenz erreicht werden.

3 Die Arbeitsfläche mit Bambusfasern leicht bestreuen und den klebrig-weichen Teig darauf platzieren. Stechen Sie insgesamt 8 Teigstücke ab.

4 Legen Sie die Teigstücke einzeln und nacheinander auf eine geringe Menge Bambusfasern, rollen Sie diese länglich und platzieren Sie diese in die Baguette-Förmchen. Befeuchten Sie die Oberfläche der Baguettes mit etwas Wasser. Bestreuen Sie diese anschließend mit Kürbiskernen und Sesam.

5 Stellen Sie die Förmchen auf ein Backofengitter und backen Sie diese 25 – 30 Minuten, bis sie goldbraun sind.

6 Nach Ablauf der Backzeit nehmen Sie die Förmchen aus dem Ofen und stellen Sie diese zum Abkühlen.

FLADENBROT AUF KETOGENE ART

8 Port. 45 Min. Leicht

Zutaten

25 g Bambusfasern
30 g Eiklarpulver
45 g Flohsamenschalen, gemahlen
1 Packung Weinsteinbackpulver
2 Päckchen Trockenhefe
1 TL Salz
1 EL Olivenöl
400 ml Wasser, warm
3 EL Apfelessig
1 EL Olivenöl
1 TL Schwarzkümmel
1 TL Sesam

Nährwerte p. P.

200 kcal
3 g Kohlenhydrate
14 g Fett
7 g Eiweiß

1 Heizen Sie den Ofen auf 200 Grad Ober- und Unterhitze vor.

2 Geben Sie alle Zutaten in eine Schüssel und vermischen Sie diese zu einem gleichmäßigen Teig. Der Teig sollte weich und etwas klebrig sein. Der Teig soll anschließend 5 Minuten ruhen.

3 Formen Sie aus dem Teig 8 gleich große Kugeln, platzieren Sie diese auf einem Backpapier und drücken Sie die Kugeln mit feuchten Händen flach. Bepinseln Sie die Oberfläche mit etwas Olivenöl und bestreuen Sie sie mit Schwarzkümmel und Sesam.

4 Legen Sie die Brötchen mit dem Backpapier anschließend auf ein Backgitter. Backen Sie das Fladenbrot circa 25 Minuten, bis es goldbraun ist.

5 Nach dem Ende der Backzeit nehmen Sie die Brötchen aus dem Ofen und lassen sie auf dem Gitter abkühlen.

VEGANES KETO-BROT

1 Port.

1 Std. 5 Min.

Mittel

Zutaten

275 ml lauwarmes Wasser
200 g gemahlene Mandeln
130 g Sonnenblumenkerne
40 g Flohsamenschalen
45 g Walnüsse
7 ml Kokosöl
8 g Backpulver
5 g Salz

Nährwerte p. P.

241 kcal
3 g Kohlenhydrate
20 g Fett
7 g Eiweiß

1 Heizen Sie den Ofen auf 180 Grad Ober- und Unterhitze vor.

2 Geben Sie Backpulver, Flohsamenschalen, Mandeln, Sonnenblumenkerne, Salz und Walnüsse in eine große Schüssel und vermischen Sie alles gründlich miteinander.

3 Fügen Sie Kokosöl und Wasser hinzu und kneten Sie alles zu einem gleichmäßigen Teig.

4 Auf ein mit Backpapier ausgelegtes Backblech den Teig legen und fest von oben andrücken, damit daraus ein runder Brotlaib entsteht. An der Oberfläche mit einem Messer 1,5 cm tiefe Schlitze einschneiden und das Brot im Ofen auf mittlerer Schiene 50 Minuten backen.

5 Das fertige Brot 2 - 3 Stunden abkühlen lassen und anschließend anschneiden.

KETOGENES BROT MIT GEWÜRZEN

1 Port. 1 Std. 5 Min. Mittel

Zutaten

250 ml handwarmes Wasser
165 g Leinsamenmehl
50 g Sonnenblumenkerne
30 g Flohsamenschalen
3 Eier
2 TL Backpulver
1 TL Anis, gemahlen
1 TL Kurkuma
1 ½ TL Kreuzkümmel, gemahlen
½ TL Salz

Nährwerte p. P.

122 kcal
1 g Kohlenhydrate
9 g Fett
5 g Eiweiß

1 Geben Sie die Eier in eine Schüssel und schlagen Sie diese auf. Fügen Sie das Wasser hinzu und verrühren Sie es mit einem Rührbesen.

2 Fügen Sie die verbliebenen Zutaten hinzu und vermischen Sie diese gründlich.

3 Der Teig soll etwa 5 Minuten stehen, bevor Sie ihn auf ein mit Backpapier ausgelegtes Blech legen. Formen Sie anschließend den Teig zu einem Brotlaib und schneiden Sie ihn längs mit einem Messer ein.

4 Backen Sie das Brot bei 180 Grad Ober- und Unterhitze für circa 60 Minuten im Ofen.

5 Das Brot soll vor dem Verzehr gut abgekühlt sein. Servieren Sie es mit Lachs oder mit Avocadoscheiben.

BROT MIT MANDELN AUF KETOGENE ART

1 Port. 55 Min. Leicht

Zutaten

200 g Mandeln, gemahlen
1 TL Salz
3 Eier
2 EL Flohsamenschalen, gehäuft
1 Päckchen Backpulver
200 ml heißes Wasser
2 EL Chiasamen, gehäuft

Nährwerte p. P.

160 kcal
1 g Kohlenhydrate
1 g Fett
6 g Eiweiß

1 Vermischen Sie gemahlene Mandeln, Salz, Flohsamenschalen, Backpulver und Chiasamen miteinander in einer Schüssel und geben Sie die Eier hinzu. Mischen Sie sorgfältig alles durch und fügen Sie anschließend heißes Wasser hinzu. Verrühren Sie die Zutaten mit einem Handmixer.

2 Mit feuchten Händen ein Brot oder Brötchen formen. Die Teigmasse erscheint zuerst etwas klebrig, wird aber nach und nach gut formbar. Falls gewünscht, etwas Kräuter oder Kardamom beimischen.

3 Backen Sie das Brot bei 170 Grad Ober- und Unterhitze 40 - 50 Minuten im Ofen.

4 Servieren Sie das Brot mit Aufstrich oder als Beilage zur Suppe.

HEFEBROT AUF KETOGENE ART

1 Port. 2 Std. 15 Min. Mittel

Zutaten

120 g gemahlene Mandeln
20 g Flohsamenschalenpulver
40 g Bambusfasern
40 g Goldleinsamen
7 g Backpulver
3 g Johannisbrotkernmehl
2 TL Salz
2 EL Brotgewürz
4 Eier
5 g Trockenhefe
15 ml Apfelessig
15 ml Olivenöl
240 ml Wasser, lauwarm

Nährwerte p. P.

87 kcal
0 g Kohlenhydrate
6 g Fett
3 g Eiweiß

1 Heizen Sie den Ofen auf 170 Grad Ober- und Unterhitze vor.

2 Mischen Sie alle trockenen Zutaten zusammen. Fügen Sie Eier, Olivenöl und Apfelessig hinzu und rühren Sie diese kurz um. Geben Sie nun lauwarmes Wasser dazu und vermischen Sie alles gründlich. Der Teig erscheint zu diesem Zeitpunkt noch sehr trocken, daher sollten Sie ihn mindestens 20 Minuten an einem warmen Platz ruhen lassen.

3 Legen Sie den Teig auf eine mit Bambusfasern bestäubte Oberfläche und formen Sie diesen zu einem Laib Brot. Es ist einfacher, es auf dem Backpapier zu tun, da der Teig ziemlich weich ist.

4 Backen Sie das Brot circa 90 Minuten lang auf der mittleren Ebene des Ofens. Legen Sie es nach 30 Minuten auf das Backrost, damit es gleichmäßig durchgebacken wird.

5 Das Brot ist fertig, wenn Sie unten dagegen anklopfen und es sich hohl anhört.

FLUFFIGES LEINSAMENBROT

1 Port. | 2 Std. 10 Min. | Mittel

Zutaten

200 g Goldleinsamen
100 g Haselnüsse
3 TL Backpulver
2 TL Gewürzmischung mediterranes Gemüse
2 TL klassisches Brotgewürz
40 g Bambusfasern
10 g Flohsamenschalen
1 TL Salz
3 Eier
250 ml Wasser
1 Handvoll Leinsamen
Etwas Butter

Utensilien

Kleine Kastenform

Nährwerte p. P.

135 kcal
1 g Kohlenhydrate
10 g Fett
4 g Eiweiß

1 Heizen Sie den Ofen auf 160 Grad Ober- und Unterhitze vor.

2 Zerkleinern Sie Haselnüsse zu einem feinen Pulver und zermahlen Sie Leinsamen in einem Mixer. Vermischen Sie anschließend alle trockenen Zutaten inklusive der Gewürze.

3 Fügen Sie Eier und Wasser hinzu und verarbeiten Sie alles zu einem zähen Teig.

4 Fetten Sie eine Kastenform mit Butter ein und bestreuen Sie diese mit Leinsamen.

5 Backen Sie das Brot auf mittlerer Schiene circa 40 - 50 Minuten in der Form. Nehmen Sie anschließend das Brot vorsichtig heraus und backen Sie es für weitere 10 Minuten auf dem Backgitter.

6 Zum Schluss das Brot für circa 60 Minuten zur Seite zum Abkühlen stellen.

KETOGENES TOASTBROT

1 Port. 1 Std. Leicht

Zutaten

225 ml Wasser
36 g Eiklarpulver
40 g Erythrit
Etwas Zitronensaft
2 Prisen Salz
2 TL Backpulver
50 g Bambusfasern
15 g Flohsamenschalen

Utensilien

Silikonform

Nährwerte p. P.

19 kcal
0 g Kohlenhydrate
0 g Fett
2 g Eiweiß

1 Heizen Sie den Ofen auf 180 Grad Ober- und Unterhitze vor.

2 Schlagen Sie Eiweiß, Salz, Backpulver und Zitronensaft zusammen und rieseln Sie Erythrit ein. Verschlagen Sie alles zu einem festen Eischnee.

3 Vermischen Sie Bambusfasern mit Flohsamenschalen und rühren Sie diese vorsichtig unter den Eischnee.

4 Buttern Sie eine Silikonform ein und geben Sie die Masse hinein.

5 Backen Sie das Brot circa 45 Minuten, nehmen Sie es aus der Form und lassen Sie es circa 15 Minuten im ausgeschalteten Ofen ruhen.

6 Nehmen Sie es anschließend zum Abkühlen heraus.

KNUSPRIGES BAGUETTE

1 Port. | 1 Std. 40 Min. | Leicht

Zutaten

100 g Walnüsse
50 g Goldleinsamen
50 g Flohsamenschalen
20 g Bambusfasern
70 ml Hefewasser
2 EL Apfelessig
200 g Hüttenkäse
6 Eier
1 Päckchen Backpulver
2 TL Salz
1 EL Brotgewürz

Nährwerte p. P.

49 kcal
1 g Kohlenhydrate
3 g Fett
2 g Eiweiß

1 Heizen Sie den Ofen auf 170 Grad Ober- und Unterhitze vor.

2 Zerstoßen Sie Leinsamen und Flohsamenschalen, bis sie fein gemahlen sind. Vermischen Sie alle trockenen Zutaten und fügen Sie danach die feuchten Zutaten hinzu.

3 Rühren Sie mit dem Handrührgerät so lange, bis ein zähflüssiger und formbarer Teig entsteht.

4 Formen Sie den Teig zu einem Brotlaib Ihrer Wahl, achten Sie aber darauf, dass dieser etwas flacher wird, da das Baguette beim Backen aufgeht. Fügen Sie anschließend ein paar Einschnitte in die Oberfläche des Teigs.

5 Backen Sie das Baguette circa 50 Minuten auf einem Backblech auf der mittleren Schiene. Legen Sie anschließend das Baguette auf ein Gitter und backen Sie es weitere 40 Minuten.

6 Zum Schluss im ausgeschalteten Ofen und bei leicht geöffneter Tür auskühlen lassen.

Aufstriche, Cremes, Soßen und Dips

MEDITERRANER HUMMUS

12 Port. | 2 Std. 45 Min. | Leicht

Zutaten

125 g Macadamianüsse
2 Zucchini
2 EL natives Avocado-Öl
65 g Tahin
2 Knoblauchzehen, gehackt
¼ Tasse Zitronensaft, frisch gepresst
2 EL Olivenöl
1 TL Kreuzkümmel, gemahlen
Etwas frische Kräuter
Eine Prise Paprikagewürz
1 EL Sesam

Nährwerte p. P.

185 kcal
4 g Kohlenhydrate
18 g Fett
2 g Eiweiß

1 Füllen Sie die Macadamianüsse in eine Schale und gießen Sie diese mit Wasser auf, sodass sie komplett bedeckt sind. Die Nüsse sollen für 2 Stunden einweichen. Gießen Sie anschließend das Wasser ab.

2 Währenddessen den Ofen auf 160 Grad Umluft oder auf 180 Grad Ober- und Unterhitze vorheizen.

3 Entfernen Sie die Endstück der Zucchini und halbieren Sie diese längs. Die Hälften mit der Schnittfläche nach oben auf ein Backblech legen und mit Avocado-Öl bestreichen. Backen Sie diese für circa 30 Minuten, bis die Oberfläche gebräunt ist.

4 Alle Zutaten in einen Standmixer geben und alles zu einer glatten Masse verarbeiten. Nach Geschmack Salz und Pfeffer hinzufügen.

5 Füllen Sie die Masse nun in eine Schüssel um und ergänzen Sie das Topping, indem Sie es mit Olivenöl beträufeln und Paprikagewürz sowie Sesam darüberstreuen.

6 Den Hummus können Sie bis zu 5 Tage im Kühlschrank aufbewahren.

ROTES PESTO MIT PARMESAN

6 Port. 25 Min. Leicht

Zutaten

1 Zwiebel
1 Knoblauchzehe
200 g Auberginen, in Stücken
50 g rote Paprika, in Stücken
50 g getrocknete Tomaten
100 ml Olivenöl
40 g Pinienkerne
40 g Tomatenmark
50 g Parmesan
½ TL Salz
2 Prisen Pfeffer
1 Prise Erythrit
1 TL Oregano

Utensilien

Schraubgläser

Nährwerte p. P.

275 kcal
3 g Kohlenhydrate
27 g Fett
5 g Eiweiß

1 Geben Sie Zwiebel, Knoblauch, Auberginen, Paprika und getrocknete Tomaten in einen Standmixer und zerkleinern Sie alles circa 8 Sekunden auf mittlerer Stufe.

2 Fügen Sie Olivenöl hinzu und verrühren Sie alles noch einmal gründlich.

3 Währenddessen rösten Sie Pinienkerne in einer Pfanne ohne zusätzliches Fett.

4 Fügen Sie Tomatenmark, die gerösteten Pinienkerne, Parmesan, Salz, Pfeffer, Erythrit, Oregano und weitere 50 ml Olivenöl zum Inhalt des Mixers hinzu und pürieren Sie alles 15 Sekunden.

5 Verteilen Sie das fertige Pesto in heiß ausgespülte Schraubgläser.

VEGANE CREME MIT AVOCADO UND KNOBLAUCH

2 Port. 30 Min. Leicht

Zutaten

2 Avocados
1 Zwiebel
1 Knoblauchzehe
1 EL Limettensaft
½ EL Olivenöl
2 Prisen Salz
1 Prise Pfeffer

Nährwerte p. P.

87 kcal
4 g Kohlenhydrate
6 g Fett
1 g Eiweiß

1 Entkernen Sie die Avocado mithilfe eines Löffels. Schälen Sie die Avocado und würfeln Sie anschließend das Fruchtfleisch.

2 Schälen und würfeln Sie die Zwiebel und den Knoblauch.

3 In einer Pfanne Olivenöl bei mittlerer Stufe erhitzen, gewürfelte Zwiebel und Knoblauch darin kurz anbraten.

4 Anschließend alle Zutaten in einen Standmixer geben und zu einer Brotcreme mixen. Anstelle eines Mixers kann ein Pürierstab verwendet werden.

5 Die fertige Creme auf Schälchen verteilen, dazu passt gut ein ketogenes Brot.

ORIENTALISCHER DIP MIT AUBERGINEN

4 Port. 55 Min. Leicht

Zutaten

2 Auberginen
2 Knoblauchzehen
Etwas Zitronensaft
2 EL Tahin
1 EL Olivenöl
2 Prisen Kumin, gemahlen
Etwas Salz & Pfeffer
1 Stängel Petersilie

Nährwerte p. P.

29 kcal
1 g Kohlenhydrate
1 g Fett
0 g Eiweiß

1 Heizen Sie den Ofen auf 175 Grad Umluft oder auf 195 Grad Ober- und Unterhitze vor.

2 Teilen Sie die Auberginen in zwei längliche Hälften. Stechen Sie mit einer Gabel mehrmals in die Haut und legen Sie die Auberginen mit zerstochener Hälfte nach unten auf ein Backpapier.

3 Legen Sie das Backpapier auf ein Backblech und backen Sie die Auberginen 45 Minuten, bis sich die Haut weich anfühlt.

4 Schälen Sie währenddessen die Knoblauchzehen und geben Sie diese zusammen mit den gebackenen Auberginen sowie den restlichen Zutaten in ein hohes Rührgefäß.

5 Pürieren Sie mithilfe eines Pürierstabes alle Zutaten zu einer cremigen Masse.

6 Servieren Sie den Dip mit Olivenöl und frischer Petersilie.

CREMIGE SOßE MIT PARMESAN

2 Port. | 40 Min. | Leicht

Zutaten

250 g Blumenkohl
15 g Parmesan
Etwas Salz, Pfeffer & Muskat

Nährwerte p. P.

47 kcal
1 g Kohlenhydrate
2 g Fett
4 g Eiweiß

1 Teilen Sie den Blumenkohl in feine Röschen und garen Sie diese in einem Topf mit gesalzenem Wasser 20 – 30 Minuten, bis sie ausreichend weich sind.

2 Gießen Sie anschließend den Blumenkohl ab und bewahren Sie dabei das Kochwasser auf.

3 Den gekochten Blumenkohl in einen Standmixer geben. Eine Menge des aufgefangenen Kochwassers zusammen mit Parmesan, Salz, Pfeffer und Muskat hinzufügen und alles zu einer glatten, cremigen Soße verarbeiten.

PIKANTER SCHINKEN-AUFSTRICH

8 Port. | 1 Std. 15 Min. | Mittel

Zutaten

240 ml Sahne
½ Bund Petersilie, abgezupft
200 g Katenschinken, gewürfelt
200 g Kräuterschinken
½ Bund Schnittlauch

Nährwerte p. P.

168 kcal
1 g Kohlenhydrate
15 g Fett
6 g Eiweiß

1 Geben Sie zunächst 200 ml Sahne in einen Mixtopf und schlagen Sie diese auf mittlerer Stufe bis zur gewünschten Konsistenz auf. Füllen Sie die Sahne in eine größere Schüssel um und stellen diese kalt.

2 Geben Sie die Petersilie in den Mixtopf, zerkleinern Sie diese für 3 Sekunden auf hoher Stufe und schieben Sie diese mit dem Stapel nach unten.

3 Fügen Sie anschließend den Schinken hinzu, zerkleinern Sie diesen für 10 Sekunden ebenfalls auf hoher Stufe und schieben Sie auch diesen mit dem Stapel nach unten.

4 Fügen Sie Frischkäse, restliche Sahne und Schnittlauch hinzu, rühren Sie diese Mischung für 8 Sekunden auf mittlerer Stufe cremig um, geben sie zu der Sahne dazu und heben sie vorsichtig unter.

5 Stellen Sie die fertige Schinken-Mousse anschließend in den Kühlschrank zum Durchziehen.

INDISCHE RAITA MIT KNOBLAUCH

2 Port. | 40 Min. | Leicht

Zutaten

150 g Crème fraîche
1 Knoblauchzehe
1 TL Kümmel
½ EL Pfefferminze, frisch
¼ TL Chiliflocken
¼ TL Salz
1/10 Gurke
Ein paar Korianderblätter, getrocknet

Nährwerte p. P.

228 kcal
3 g Kohlenhydrate
22 g Fett
2 g Eiweiß

1 Vermischen Sie Crème fraîche mit dem frisch ausgepressten Knoblauch und Kümmel.

2 Waschen Sie die Gurke, schneiden Sie die Endstücke ab und teilen Sie diese der Länge nach.

3 Mit einem Teelöffel Kerne entfernen und die Gurke in kleine Stücke würfeln. Anschließend zu der Crème fraîche hinzufügen.

4 Mischen Sie das Ganze mit Salz, fein gehackter frischer Minze, Chiliflocken und Koriander.

5 Die Creme zum Ziehen für 30 Minuten in den Kühlschrank stellen und anschließend genießen.

Suppen

ROTE-BETE-RADIESCHEN-SUPPE

2 Port. | 1 Std. 50 Min. | Leicht

Zutaten

500 g Radieschen
2 Schalotten
600 ml Gemüsebrühe
200 ml Sahne
4 EL Rote-Bete-Saft
2 TL Butter
40 g Kresse, frisch
Je 2 Prisen Salz & Pfeffer

Nährwerte p. P.

276 kcal
14 g Kohlenhydrate
19 g Fett
7 g Eiweiß

1 Zerkleinern Sie die Radieschen und hacken Sie die Schalotten fein.

2 Schmelzen Sie in einem Kochtopf Butter und braten Sie darin die Schalotten, bis diese transparent sind. Geben Sie anschließend die Radieschen dazu.

3 Gießen Sie Gemüsebrühe hinzu und köcheln Sie das Ganze auf kleiner Flamme circa 15 - 20 Minuten. Pürieren Sie anschließend alles gründlich mit einem Handmixer.

4 Fügen Sie Sahne hinzu und rühren Sie diese unter.

5 Geben Sie den Rote-Bete-Saft dazu und würzen Sie nach Geschmack mit Salz und Pfeffer.

6 Kochen Sie die Suppe noch einmal kurz auf.

7 Nehmen Sie die Suppe vom Herd und garnieren Sie diese mit frischer Kresse.

GAZPACHO

2 Port. | 2 Std. 50 Min. | Leicht

Zutaten

400 g Tomaten
½ Gurke
½ Paprikaschote
½ Zwiebel
½ Knoblauchzehe
1 EL Semmelbrösel
2 EL Olivenöl
1 EL Weißweinessig
Je 1 Prise Salz & Pfeffer
500 ml Wasser

Nährwerte p. P.

160 kcal
9 g Kohlenhydrate
12 g Fett
4 g Eiweiß

1 Zerkleinern Sie Tomaten, Gurke, Paprikaschote, Zwiebel und Knoblauchzehe grob. Bewahren Sie etwas davon auf, um diese später als Suppeneinlage zu verwenden.

2 Pürieren Sie diese Zutaten zusammen mit etwas Wasser in einem Thermomix, für 1 Minute auf Stufe 10, oder in einem anderen Mixer zu einer feinen Paste.

3 Fügen Sie nun Semmelbrösel, Olivenöl, Essig, Salz und Wasser hinzu und mixen Sie alles erneut. Je nach gewünschter Konsistenz können Sie mehr Wasser hinzufügen.

4 Stellen Sie die Mischung für circa 2 Stunden in den Kühlschrank, damit die Suppe besser durchzieht.

5 Servieren Sie den Gazpacho kalt und bestreuen Sie diesen mit Gemüse.

PILZBRÜHE

2 Port. | 30 Min. | Leicht

Zutaten

400 g Champignons, braun
60 g Zwiebeln
2 Knoblauchzehen
10 g Petersilie
40 g Frühlingszwiebeln
600 ml Gemüsebrühe
200 ml Kochsahne
4 EL Magerquark
2 TL Zitronensaft
2 TL Olivenöl
Je 2 Prisen Salz & Pfeffer

Nährwerte p. P.

288 kcal
14 g Kohlenhydrate
20 g Fett
13 g Eiweiß

1 Reinigen Sie die Pilze und schneiden Sie diese in kleine Stückchen. Zerkleinern Sie die Zwiebel und den Knoblauch fein.

2 Erhitzen Sie Olivenöl in einem Kochtopf und braten Sie alles darin für circa 10 Minuten an.

3 Fügen Sie Gemüsebrühe und Kochsahne zu den Pilzen hinzu und köcheln Sie die Zutaten 10 Minuten. Würzen Sie diese anschließend mit Salz und Pfeffer.

4 Waschen Sie Frühlingszwiebeln und Petersilie, hacken Sie diese klein und geben Sie sie zur Suppe dazu. Geben Sie Magerquark und Zitronensaft hinzu und rühren Sie alles gründlich um.

5 Schmecken Sie die Suppe mit Salz und Pfeffer ab.

MÖHRENSUPPE MIT PEKANNÜSSEN

2 Port. 30 Min. Leicht

Zutaten

8 Möhren
5 Salbeiblätter
2 EL Butter
1/5 Tasse Hühnerbrühe
½ Tasse Kokosmilch
1 EL Olivenöl
Etwas Meersalz
Ein paar Pekannüsse

Nährwerte p. P.

199 kcal
16 g Kohlenhydrate
12 g Fett
6 g Eiweiß

1 Schmelzen Sie die Butter in einem Kochtopf.

2 Zerkleinern Sie die Möhren und geben Sie diese zusammen mit den Salbeiblättern in den Topf.

3 Sobald die Möhren weich sind, fügen Sie Hühnerbrühe und Kokosmilch hinzu und bringen die Zutaten zum Kochen. Sobald die Mischung anfängt zu köcheln, reduzieren Sie die Hitze und legen einen Deckel auf den Topf. Die Suppe soll nun 10 - 15 Minuten kochen.

4 Nehmen Sie einen Standmixer und pürieren Sie die Mischung, bis die Konsistenz cremig ist. Tröpfeln Sie anschließend Olivenöl darüber.

5 Garnieren Sie die Suppe mit ein paar Pekannüssen.

BÄRLAUCH-GEMÜSESUPPE

4 Port. 30 Min. Leicht

Zutaten

300 g Bärlauch
2 EL Butter
125 ml Sahne
500 ml Gemüsebrühe
1 Zwiebel
1 Knoblauchzehe
Je 1 Prise Salz & Pfeffer
1 Prise Muskat

Nährwerte p. P.

83 kcal
6 g Kohlenhydrate
5 g Fett
1 g Eiweiß

1 Entfernen Sie zunächst die Stiele vom Bärlauch und reinigen Sie diesen gründlich.

2 Blanchieren Sie die Blätter kurz in kochendem Wasser, spülen Sie diese anschließend mit kaltem Wasser ab und zerkleinern Sie diese fein.

3 Hacken Sie Zwiebel und Knoblauch klein und dünsten Sie diese in Butter an. Fügen Sie den fein geschnittenen Bärlauch hinzu, gießen Sie die klare Gemüsebrühe auf und bringen Sie alles zum Kochen.

4 Rühren Sie Sahne unter, pürieren Sie die Suppe mit einem Stabmixer, bis diese cremig ist, und würzen Sie sie anschließend mit Salz, Pfeffer und Muskatnuss.

GEMÜSE-BOUILLON

4 Port. 45 Min. Leicht

Zutaten

500 ml Wasser
250 g gemischtes Gemüse
40 g Margarine
1 Zwiebel
4 EL Sauerrahm
Je 1 Prise Salz & Pfeffer

Nährwerte p. P.

111 kcal
6 g Kohlenhydrate
8 g Fett
2 g Eiweiß

1 Reinigen Sie zunächst das Gemüse und schneiden Sie dieses in kleine Stückchen.

2 Schmelzen Sie etwas Fett in einem Kochtopf und dünsten Sie die Zwiebel darin. Fügen Sie anschließend das geschnittene Gemüse hinzu.

3 Löschen Sie die Zutaten mit Wasser ab und köcheln Sie das Gemüse, je nach Gemüseart, circa 15 - 20 Minuten. Würzen Sie es nach Geschmack mit Salz und Pfeffer.

4 Servieren Sie die Suppe in der Mitte mit einem Löffel Sauerrahm.

CREMIGE SUPPE AUS AVOCADO

4 Port. | 35 Min. | Leicht

Zutaten

3 Avocados
3 EL Butter
2 EL Mehl
1 L Gemüsebrühe
250 ml Sahne
2 EL Crème fraîche
½ Zitrone
1 Prise Salz

Nährwerte p. P.

771 kcal
7 g Kohlenhydrate
74 g Fett
9 g Eiweiß

1 Geben Sie Butter in einen Kochtopf, sobald diese heiß ist, fügen Sie Mehl hinzu und rühren Sie es mehrmals um, um es anzuschwitzen.

2 Gießen Sie Brühe dazu und erwärmen Sie alles. Verwenden Sie einen Schneebesen, um die Suppe glatt zu verrühren.

3 Schälen Sie die Avocados, entkernen Sie diese und schneiden Sie das Fruchtfleisch in kleine Stücke. Geben Sie diese zur Suppe und erhitzen Sie diese kurz. Achten Sie darauf, dass die Suppe nach dem Hinzufügen der Avocados nicht kocht, da sie sonst bitter wird.

4 Nehmen Sie den Topf vom Herd und pürieren Sie alles mit einem Handmixer.

5 Pressen Sie Saft aus der Zitrone aus und rühren Sie Sahne, Crème fraîche und Zitronensaft zusammen und geben Sie diese Mischung anschließend zur Suppe. Erwärmen Sie alles noch einmal kurz.

6 Servieren Sie die fertige Suppe auf Tellern, garnieren Sie diese alternativ mit Garnelenstücken.

KLASSISCHE LAUCHSUPPE MIT HACK

4 Port. | 30 Min. | Leicht

Zutaten

700 ml Gemüsebrühe
450 g Hackfleisch
200 g Kochkäse
200 g Crème fraîche
1 Stange Porree
1 Zwiebel
1 EL Olivenöl
Etwas Salz & Pfeffer
Etwas Kümmel

Nährwerte p. P.

600 kcal
9 g Kohlenhydrate
46 g Fett
26 g Eiweiß

1 Zerkleinern Sie die Zwiebel in kleine Würfel. Reinigen Sie den Porree und schneiden Sie diesen in dünne Ringe.

2 Geben Sie Öl in einen großen Kochtopf oder in eine Pfanne, erhitzen Sie es und braten Sie das Hackfleisch darin kräftig an.

3 Fügen Sie die Zwiebeln hinzu, braten Sie diese kurz an und geben Sie anschließend Porree hinzu. Braten Sie die Zutaten 5 Minuten bei mittlerer Hitze.

4 Gießen Sie Gemüsebrühe mit heißem Wasser auf und köcheln Sie diese circa 10 Minuten. Geben Sie nach circa 5 Minuten den Kochkäse hinzu.

5 Fügen Sie zum Schluss Crème fraîche dazu, würzen Sie alles mit Salz und Pfeffer und bestreuen Sie die Suppe mit etwas Kümmel.

BLUMENKOHL-SUPPE

4 Port. | 1 Std. 5 Min. | Mittel

Zutaten

700 g Blumenkohl
500 g Zucchini
1 Knoblauchzehe
70 g Zwiebeln
80 g Stangensellerie
30 g Butter
500 ml Hühnerbrühe
500 ml Wasser
240 ml Sahne
60 ml Olivenöl
1 TL Thymian
½ TL Zwiebelpulver
Etwas Salz & Pfeffer

Nährwerte p. P.

223 kcal
5 g Kohlenhydrate
19 g Fett
4 g Eiweiß

1 Reinigen Sie das Gemüse und entfernen Sie die grünen Blätter des Blumenkohls. Zerkleinern Sie alles in kleine Stücke. Schälen Sie den Knoblauch und würfeln Sie diesen fein.

2 In einem großen Kochtopf Butter bei mittlerer Hitze erhitzen und darin Zwiebel sowie Knoblauch anbraten, bis diese durchsichtig sind. Anschließend geschnittenen Blumenkohl, Zucchini, Sellerie sowie Gewürze hinzufügen.

3 Füllen Sie alles mit Brühe und Wasser auf und bringen Sie die Zutaten zum Siedepunkt. Decken Sie den Topf ab, reduzieren Sie die Hitze und köcheln Sie die Mischung, bis das Gemüse weich ist, circa 15 Minuten.

4 Nehmen Sie den Topf vom Herd ab und verarbeiten Sie die Mischung mithilfe eines Stabmixers zu einer cremigen Suppe.

5 Fügen Sie Sahne hinzu und erwärmen Sie alles erneut.

6 Servieren Sie die Suppe mit etwas Olivenöl und garnieren Sie diese mit einem Zweig Thymian.

CURRY-TOMATEN-SUPPE

4 Port. 40 Min. Leicht

Zutaten

250 g Blumenkohl
350 ml Gemüsebrühe
250 g passierte Tomaten
1 Zwiebel
1 TL Currypulver
1 EL Olivenöl
1 Prise Salz

Nährwerte p. P.

93 kcal
8 g Kohlenhydrate
4 g Fett
3 g Eiweiß

1 Reinigen Sie den Blumenkohl, putzen und teilen Sie diesen in Röschen. Schälen Sie die Zwiebel und würfeln Sie diese fein.

2 Erhitzen Sie in einem Kochtopf Olivenöl und erwärmen Sie es bei mittlerer Hitze.

3 Fügen Sie in den Topf die Zwiebeln hinzu und braten Sie diese kurz an.

4 Geben Sie den Blumenkohl dazu und braten Sie diesen ebenfalls mit an. Fügen Sie die Tomaten hinzu und kochen Sie die Zutaten kurz auf.

5 Gemüsebrühe, Curry und Salz dazugeben und die Suppe 10 – 12 Minuten köcheln lassen.

6 Die fertige Suppe anschließend kurz abkühlen. Zum Schluss die Suppe mit einem Stabmixer direkt im Topf pürieren.

7 Die Suppe mit etwas Kräutern garnieren und servieren.

HERBSTLICHE KÜRBISCREME-SUPPE

3 Port. 50 Min. Mittel

Zutaten

½ mittelgroßer Hokkaidokürbis
1 Zwiebel
10 g Ingwer
250 ml Kokosmilch
400 ml Wasser
1 TL Gemüsebrühe
2 TL Butter
1 Prise Muskatnuss
1 EL Kokosöl
½ TL Salz
Etwas Pfeffer
Etwas Kürbiskernöl
Walnüsse

Nährwerte p. P.

243 kcal
7 g Kohlenhydrate
22 g Fett
2 g Eiweiß

1 Nehmen Sie zunächst den Ingwer und die Zwiebel, schälen und zerkleinern Sie diese in kleine Stücke.

2 Reinigen Sie den Kürbis, teilen Sie diesen in zwei Hälften und entfernen Sie alle Kerne. Schneiden Sie den Kürbis in Würfel. Entfernen Sie nicht die Kürbishaut.

3 Erhitzen Sie Kokosöl in einem großen Topf und braten Sie darin Zwiebel sowie Ingwer an. Fügen Sie anschließend den Kürbis hinzu und braten Sie die Zutaten weitere 4 Minuten.

4 Lösen Sie die Gemüsebrühe in heißem Wasser auf und rühren Sie so lange, bis diese sich vollständig gelöst hat. Geben Sie Gemüsebrühe zusammen mit Butter in den Topf und köcheln Sie die Suppe bei mittlerer Hitze 25 Minuten.

5 Gießen Sie Kokosmilch hinein und köcheln Sie das Ganze weitere 10 – 15 Minuten.

6 Würzen Sie die Suppe mit Salz, Pfeffer sowie Muskatnuss. Pürieren Sie anschließend die Suppe mithilfe eines Stabmixers so lange, bis eine cremige Konsistenz erreicht ist.

7 Beträufeln Sie die Suppe mit etwas Kürbiskernöl und garnieren Sie diese mit Walnüssen.

ROTE-BETE-EINTOPF

6 Port.   1 Std. 20 Min.   Mittel

Zutaten

3 L Wasser
500 g Suppenfleisch
400 g Weißkohl
200 g Cocktailtomaten
200 g Kohlrabi
150 g Rote Bete
1 rote Paprika
1 Möhre
1 Knoblauchzehe
½ Zwiebel
2 EL Butter
2 TL Salz
¼ TL Pfeffer
6 EL Crème fraîche

Nährwerte p. P.

260 kcal
9 g Kohlenhydrate
15 g Fett
19 g Eiweiß

1 Füllen Sie einen großen Kochtopf mit circa 3 Liter Wasser und bringen Sie das Wasser zum Sieden.

2 Zerteilen Sie das Suppenfleisch in mundgerechte Stücke und stellen Sie diese neben den Topf.

3 Schneiden Sie Rote Bete und Kohlrabi in Würfel und stellen Sie diese beiseite.

4 Sobald das Wasser siedet, geben Sie das Fleisch hinein. Schöpfen Sie 5 – 7 Minuten das aufschäumende Eiweiß ab, bis kein neues mehr entsteht.

5 Geben Sie nun die Rote Bete und den Kohlrabi in den Topf und reduzieren Sie ein wenig die Hitze.

6 Schneiden Sie den Weißkohl in feine Streifen und stellen Sie diesen beiseite. Raspeln Sie die Möhre, würfeln Sie die Zwiebel klein, ebenso wie Paprika und Tomaten, und geben Sie alles zusammen in eine große Pfanne. Fügen Sie etwas Butter hinzu und braten Sie alles circa 10 Minuten bei mittlerer Hitze an.

7 Geben Sie das angebratene Gemüse sowie Weißkohl in den Topf und pressen Sie die Knoblauchzehe hinein. Köcheln Sie die Suppe bei mittlerer Hitze mit leicht geöffnetem Deckel 30 bis 40 Minuten.

8 Würzen Sie Borsch mit Salz und Pfeffer und servieren Sie die Suppe mit einem Esslöffel Crème fraîche.

KOKOSMILCH-WIRSING-BOUILLON

4 Port. | 30 Min. | Leicht

Zutaten

600 g Wirsing
Etwas Ingwer
1 kleine Zwiebel
4 EL Pflanzenöl
600 ml Gemüsebrühe
200 ml ungesüßte Kokosmilch
Etwas Salz & Pfeffer
½ TL Chiliflocken
160 g Hähnchenbrustfilet
6 Kirschtomaten

Nährwerte p. P.

295 kcal
7 g Kohlenhydrate
22 g Fett
18 g Eiweiß

1 Säubern Sie den Wirsing, trennen Sie den Strunk ab und schneiden Sie die Blätter in Streifen.

2 Schälen Sie die Zwiebel und den Ingwer und schneiden Sie diese in kleine Würfel.

3 Erhitzen Sie in einem Kochtopf etwas Öl und braten Sie darin Zwiebel zusammen mit Ingwer an. Fügen Sie anschließend Wirsing hinzu, gießen Sie das Ganze mit Brühe auf und geben Sie Kokosmilch hinzu. Schmecken Sie die Masse mit Salz und Pfeffer ab und köcheln Sie diese bei mittlerer Hitze 15 – 20 Minuten.

4 Säubern Sie das Fleisch, tupfen Sie dieses trocken und schneiden Sie es in dünne Streifen.

5 Erhitzen Sie etwas Öl in einer Pfanne und braten Sie die Fleischstreifen darin goldbraun an. Würzen Sie diese mit Salz und Pfeffer und nehmen Sie das Fleisch vom Herd. Blanchieren Sie die Tomaten und vierteln Sie diese.

6 Nehmen Sie 4 EL von dem Wirsing aus dem Topf und pürieren Sie den Rest fein. Den restlichen Wirsing wieder zur Suppe geben, Hähnchenfleisch sowie Tomaten einlegen.

7 Die Suppe noch einmal nachwürzen und in Schalen servieren.

LEICHTE MISO-SUPPE MIT HÄHNCHEN

4 Port. | 50 Min. | Leicht

Zutaten

400 g Hähnchenbrustfilet
30 g Ingwer
1 EL Sesamöl
4 EL Teriyaki-Soße
4 Frühlingszwiebeln
2 EL Sesam
Etwas Salz & Pfeffer
1 L Geflügelbrühe
40 g Miso-Paste
2 EL helle Sojasoße

Nährwerte p. P.

196 kcal
5 g Kohlenhydrate
7 g Fett
28 g Eiweiß

1 Reinigen Sie das Hähnchenbrustfilet, tupfen Sie dieses trocken und legen Sie das Fleisch in eine Schüssel.

2 Schälen Sie den Ingwer und raspeln Sie eine Hälfte davon fein. Mischen Sie es mit Sesamöl und Teriyaki-Soße und verteilen Sie es über das Hähnchenfilet. Stellen Sie das Fleisch anschließend in den Kühlschrank zum Marinieren.

3 Schneiden Sie nun den restlichen Ingwer in Streifen. Säubern Sie die Frühlingszwiebeln und zerteilen Sie diese in feine Ringe. Rösten Sie den Sesam ohne Fettzugabe in einer Pfanne bei mittlerer Hitze, bis dieser goldbraun ist.

4 Das Fleisch aus dem Kühlschrank nehmen, trocknen, mit Salz und Pfeffer abschmecken und in einer vorgeheizten Pfanne jeweils 6 - 8 Minuten pro Seite grillen. Wickeln Sie anschließend die gegrillten Filets in Alufolie ein und stellen Sie diese zur Seite.

5 Erhitzen Sie Geflügelbrühe in einem Topf und bringen Sie diese zum Kochen. Fügen Sie Miso-Paste hinzu und lösen Sie diese unter ständigem Rühren auf.

6 Schneiden Sie das Hähnchenbrustfilet in Scheiben, verteilen Sie dieses zusammen mit Ingwer und Frühlingszwiebeln auf den Tellern.

7 Gießen Sie Miso-Brühe darüber, würzen Sie mit Sojasoße nach Geschmack und streuen Sie etwas Sesam darüber.

UDON-SUPPE

6 Port. | 1 Tag | Mittel

Zutaten

300 g Champignons
500 g Brokkoli
2 Zucchini
1 Stück Fenchel
4 Eier
600 g Schweinefilet
20 g Butter
750 g Algennudeln
2 Knoblauchzehen
4 Stück Knorr Bouillon
30 g Erythrit
50 ml Kräutergewürzessig
50 ml Erdnussöl
1 TL Bockshornkleesaat
½ TL Zitronengras
1 TL Knoblauchflocken
2 TL Meersalz
2 Prisen Cayennepfeffer

Nährwerte p. P.

350 kcal
5 g Kohlenhydrate
21 g Fett
34 g Eiweiß

1 Mischen Sie Kräutergewürzessig und Erdnussöl, fügen Sie Erythrit hinzu und vermischen Sie es mit Bockshornkleesaat, Zitronengras, Knoblauchflocken, Meersalz und Cayennepfeffer. Verwenden Sie diese Mischung, um das Schweinefilet zu marinieren und stellen Sie es über Nacht in den Kühlschrank.

2 Halbieren Sie den Fenchel und braten Sie diesen in Butter an.

3 Kochen Sie die Eier, sodass diese hart sind.

4 Waschen Sie das Gemüse und schneiden Sie die Zucchini in Scheiben, halbieren Sie die Champignons und teilen Sie den Brokkoli in Röschen.

5 Lösen Sie 4 Töpfchen Bouillon in 2 Liter Wasser auf dem Herd auf und bringen Sie es zum Kochen. Geben Sie das Gemüse in den Topf und köcheln Sie das Ganze bei mittlerer Hitze.

6 Braten Sie das Schweinefilet von beiden Seiten an. Das Fleisch soll anschließend 2 - 3 Minuten ruhen.

7 In der Zwischenzeit geben Sie die Algennudeln zum Bouillon-Gemüse-Mix im Topf hinzu.

8 Schneiden Sie das Schweinefilet in Streifen und halbieren Sie die Eier.

9 Geben Sie Nudeln und Gemüse aus dem Topf in eine Schale, richten Sie die Fleischstücke und Eier an und füllen Sie diese mit Sud auf.

CREMIGE SUPPE MIT CHAMPIGNONS

1 Port. | 30 Min. | Leicht

Zutaten

200 g Champignons, weiß
1 TL Butter
150 ml Gemüsebrühe
100 ml Sahne
1 EL Crème fraîche
10 g Petersilie
Je 1 Prise Salz & Pfeffer

Nährwerte p. P.

268 kcal
8 g Kohlenhydrate
21 g Fett
9 g Eiweiß

1 Reinigen Sie die Champignons und schneiden Sie diese in Scheiben.

2 Zerlegen Sie etwas Butter in einem Kochtopf und braten Sie darin die Pilze an. Verfeinern Sie das Ganze mit einer Prise Salz und Pfeffer.

3 Fügen Sie Gemüsebrühe sowie Sahne hinzu und köcheln Sie die Zutaten circa 15 Minuten auf niedriger Flamme.

4 Rühren Sie anschließend Crème fraîche unter und pürieren Sie alles mit einem Stabmixer zu einer glatten Konsistenz.

5 Schmecken Sie die Suppe erneut mit Salz und Pfeffer ab.

6 Garnieren Sie die Suppe mit frischer Petersilie.

RÄUCHERLACHS-BOUILLON

1 Port. 30 Min. Leicht

Zutaten

150 g Knollensellerie, roh
¼ Zwiebel
1 EL Butter
250 ml Gemüsebrühe
1 TL Zitronensaft
50 ml Kochsahne
Je 1 Prise Salz Pfeffer
30 g Lachs
3 g Dill, frisch

Nährwerte p. P.

270 kcal
10 g Kohlenhydrate
17 g Fett
12 g Eiweiß

1 Reinigen Sie den Sellerie, entfernen Sie die Schale und schneiden Sie den Sellerie in Würfel. Hacken Sie die Zwiebel fein.

2 Schmelzen Sie Butter in einem Kochtopf und braten Sie Sellerie und Zwiebel darin an.

3 Gießen Sie Gemüsebrühe dazu und köcheln Sie das Ganze bei mittlerer Hitze circa 15 Minuten.

4 Verwenden Sie einen Stabmixer, um die Suppe zu pürieren. Geben Sie Zitronensaft und Kochsahne hinzu und rühren Sie alles gut durch. Würzen Sie mit Salz und Pfeffer nach Geschmack und erwärmen Sie die Mischung kurz erneut.

5 Schneiden Sie den Lachs in Streifen und hacken Sie den Dill fein.

6 Streuen Sie den geschnittenen Lachs und Dill über die Suppe.

SCHWEINEBRATEN MIT CHAMPIGNONS

4 Port. 40 Min. Leicht

Zutaten

300 g Champignons
2 Fenchelknollen
6 Stiele Petersilie
4 EL Olivenöl
Etwas Salz & Pfeffer
250 g Schweinefilets
200 ml Kochsahne, 15 % Fett
200 ml Gemüsebrühe
1 TL Thymian
4 TL Zitronensaft

Nährwerte p. P.

356 kcal
8 g Kohlenhydrate
20 g Fett
34 g Eiweiß

1 Reinigen Sie die Champignons und halbieren Sie diese. Die Fenchelknolle soll ebenfalls gereinigt, halbiert und in etwa 1 cm breite Spalten geschnitten werden. Zerkleinern Sie die Blätter der Petersilie.

2 Braten Sie die Pilze rundherum braun in einer heißen Pfanne mit etwas Öl an und legen Sie diese anschließend beiseite auf einen Teller.

3 Der Fenchel soll im selben Öl in der Pfanne angebraten und bei mittlerer Hitze 7 Minuten gekocht werden. Anschließend mit Salz und Pfeffer würzen und zu den Pilzen hinzufügen.

4 Schneiden Sie die Schweinefilets in 12 Medaillons, reiben Sie diese mit Öl ein und würzen Sie diese mit Salz und Pfeffer. Braten Sie das Fleisch auf jeder Seite circa 1 Minute bei hoher Hitze in einer Pfanne hellbraun an.

5 Geben Sie Kochsahne und Brühe dazu, bringen Sie alles zum Kochen und verfeinern Sie die Zutaten mit Thymian, Salz und Zitronensaft.

6 Fügen Sie das Gemüse zur Soße hinzu und erwärmen Sie das Ganze für 2 Minuten.

7 Servieren Sie das Gericht mit bestreuter Petersilie.

RINDERBEEF MIT OFEN-TOMATEN

2 Port. | 25 Min. | Mittel

Zutaten

2 Zweige Rosmarin
6 EL Olivenöl
3 EL Zitronensaft, frisch gepresst
100 g Rucola
400 g Rumpsteak
10 Kirschtomaten
Etwas Meersalz & Pfeffer

Nährwerte p. P.

540 kcal
1 g Kohlenhydrate
39 g Fett
46 g Eiweiß

1 Entfernen Sie die Zweige vom Rosmarin, hacken Sie diesen fein und vermischen Sie ihn mit 2 EL Öl und etwas Zitronensaft. Reinigen Sie den Rucola und tupfen Sie diesen trocken.

2 Heizen Sie den Ofen auf 250 Grad Ober- und Unterhitze vor (Umluft ist nicht empfehlenswert.)

3 Das Fleisch soll von Sehnen befreit werden. Erhitzen Sie etwa 1 EL Öl in der Pfanne und braten Sie das Fleisch darin scharf von allen Seiten an. Geben Sie die Tomaten dazu und braten Sie diese ebenfalls kräftig an.

4 Nehmen Sie das Fleisch aus der Pfanne, damit es 5 Minuten ruhen kann, bevor Sie es in Scheiben schneiden. Platzieren Sie die Scheiben auf zwei Tellern. Träufeln Sie Rosmarinöl darüber und bestreuen Sie es mit Meersalz und Pfeffer. Legen Sie Tomaten um das Fleisch herum und erhitzen Sie alles für 7 - 8 Minuten auf der untersten Schiene im Ofen.

5 Vermischen Sie Rucola mit dem verbliebenen Öl und Zitronensaft, würzen Sie diesen mit Salz und Pfeffer.

6 Servieren Sie Rucola zusammen mit dem Roastbeef und den Tomaten.

HÄHNCHEN-ZUCCHINI-SPIEßE

2 Port. 30 Min. Leicht

Zutaten

Rucola-Fenchel-Butter

250 g Hähnchenbrust
250 g Zucchini
1 Zwiebel
1 Knoblauchzehe
2 Stängel Basilikum
1 EL Olivenöl
½ TL Paprikapulver
Etwas Meersalz & Pfeffer

Utensilien

Holzspieße

Nährwerte p. P.

215 kcal
6 g Kohlenhydrate
6 g Fett
33 g Eiweiß

1 Spülen Sie das Hähnchenfleisch ab und tupfen Sie es trocken, bevor Sie es in mundgerechte Stücke zerteilen.

2 Den Knoblauch schälen, pressen und in eine Schüssel geben. Fügen Sie Hähnchenfleisch, Olivenöl, Paprikapulver sowie etwas Salz und Pfeffer hinzu, durchmischen Sie alles miteinander und stellen es zum Ziehen zur Seite.

3 Reinigen Sie die Zucchini und teilen Sie diese in gleich große Stückchen.

4 Zwiebel schälen und ebenfalls zerkleinern. Basilikum waschen und abtropfen.

5 Anschließend Zucchini, Fleisch und Zwiebel abwechselnd auf die Holzspieße stecken.

6 Erhitzen Sie eine Grillpfanne und grillen Sie die Spieße von allen Seiten sorgfältig, indem Sie diese regelmäßig drehen.

7 Servieren Sie die fertigen Spieße mit Basilikumblättern oder mit einem Kräuterquark.

RINDERGULASCH

4 Port. | 2 Std. 20 Min. | Leicht

Zutaten

800 g Rinderschmorbraten
150 ml Rotwein
3 Knoblauchzehen
1 EL Tomatenmark
400 ml Rinderfond
1 Sternanis
1 TL Currypulver
2 Lorbeerblätter, getrocknet
6 Stängel Thymian
Je 1 TL Meersalz & Pfeffer
1 EL Olivenöl

Nährwerte p. P.

381 kcal
5 g Kohlenhydrate
19 g Fett
42 g Eiweiß

1 Reinigen Sie den Rinderschmorbraten und tupfen Sie diesen gut ab. Zerteilen Sie ihn in grobe Stücke. Waschen Sie und schütteln Sie den Thymian trocken. Zerkleinern Sie die Knoblauchzehen.

2 Erhitzen Sie Olivenöl in einer Schmorpfanne. Geben Sie Rindfleisch, Knoblauch und Thymian hinein und braten Sie das Fleisch scharf von allen Seiten an. Fügen Sie Tomatenmark hinzu und braten Sie dieses ebenfalls an. Löschen Sie alles mit Rotwein ab und kochen Sie diesen kurz ein.

3 Gießen Sie den Rinderfond hinein und geben Sie Sternanis, Currypulver, Lorbeerblätter sowie eine Prise Salz und Pfeffer hinzu. Das Fleisch soll bei geschlossenem Deckel 10 Minuten köcheln.

4 Stellen Sie die Pfanne in einen auf 160 Grad (Ober- und Unterhitze), alternativ 140 Grad Umluft, vorgeheizten Backofen und garen Sie die Fleischstücke circa 2 Stunden. Bei der Hälfte der Zeit soll das Fleisch einmal durchgemischt werden.

5 Nehmen Sie das fertige Fleisch aus dem Ofen und stellen dieses zum Ruhen kurz zur Seite.

6 Zu dem Rindergulasch passt gut ein Salat.

GELBES THAI-CURRY

4 Port. 45 Min. Leicht

Zutaten

600 g Hähnchenbrust
1 Zwiebel
2 Knoblauchzehen
1 Chilischote
1 Limette
400 ml Kokosmilch
200 ml Leitungswasser
2 EL Kokosöl
1 EL Thai-Curry-Paste
1 TL Currypulver
1 TL Kurkumapulver
Je 1 Prise Meersalz & Pfeffer

Nährwerte p. P.

439 kcal
6 g Kohlenhydrate
29 g Fett
38 g Eiweiß

1 Reinigen Sie die Hähnchenbrustfilets und tupfen Sie diese trocken. Zerteilen Sie das Fleisch in mundgerechte Stücke.

2 Zwiebel und Knoblauch häuten und fein hacken.

3 Chilischote säubern, längs teilen, entkernen und in kleine Stückchen schneiden.

4 Erhitzen Sie Kokosöl in einer Pfanne und braten Sie das Fleisch von allen Seiten, bis es braun ist. Geben Sie die Zwiebel und den Knoblauch hinzu und braten Sie diese mit.

5 Fügen Sie Currypaste hinzu und rühren Sie alles gut durch.

6 Kokosmilch, Chili und Kurkuma hinzufügen und für 5 - 10 Minuten köcheln, bei Bedarf etwas Wasser hinzufügen.

7 Verfeinern Sie alles mit Limettensaft, Salz und Pfeffer nach Geschmack.

8 Curry auf vier Teller aufteilen und heiß servieren.

THUNFISCHBÄLLCHEN MIT TOMATEN

3 Port. | 45 Min. | Leicht

Zutaten

150 g Tomaten
40 g Zwiebeln
15 g Paprika
1 TL Erythrit
1 Prise Salz
3 g Gemüsemischung-Gewürz
150 ml Wasser
260 g Thunfisch
1 Ei
Etwas Zitronensaft
10 g Petersilie
20 g Zitrusfasern
10 g Backmischung
1 g Muskatnuss
4 g Bruschetta-Gewürz
2 g Salsa-Gewürz
Etwas Salz & Pfeffer
5 ml Olivenöl
2 g Butterschmalz
10 g Parmesan

Nährwerte p. P.

83 kcal
2 g Kohlenhydrate
2 g Fett
12 g Eiweiß

1 Schneiden Sie Tomaten, Zwiebel und Paprika in kleine Würfel und pressen Sie den Knoblauch.

2 Braten Sie in einer Pfanne die Zutaten zusammen mit der Gemüsemischung an. Gießen Sie diese mit Wasser auf und köcheln Sie diese 2 - 3 Minuten. Die eingedickte Tomatensoße soll anschließend abkühlen.

3 Tropfen Sie den Thunfisch ab und geben Sie diesen in eine Schüssel. Beträufeln Sie ihn mit Zitronensaft und fügen Sie die abgekühlte Tomatensoße hinzu.

4 Anschließend Ei, Petersilie, Zitrusfasern, Backmischung, Petersilie, Muskatnuss, Bruschetta-Gewürz sowie Olivenöl dazugeben und nach Geschmack mit Salz und Pfeffer würzen.

5 Vermengen Sie alle Zutaten gründlich miteinander. Die Mischung soll 10 – 15 Minuten durchziehen.

6 Formen Sie aus der Masse etwa 7 Laibchen und verteilen Sie diese auf einem Backblech mit Backpapier.

7 Backen Sie die Bällchen bei 190 Grad Ober- und Unterhitze oder bei 170 Grad Umluft circa 25 Minuten im Ofen.

8 Pinseln Sie eine Pfanne mit Butterschmalz ein und braten Sie die Laibchen von unten fertig an.

9 Servieren Sie anschließend die fertigen Thunfisch-Tomaten-Bällchen auf den Tellern.

THUNFISCH-PAPRIKA-MOZZARELLA-QUICHE

6 Port. | 1 Std. 20 Min. | Mittel

Zutaten

100 g Mandelteig, ungesüßt
2 Eier
125 ml Wasser
Etwas Kurkuma
Etwas Salz
300 g Thunfisch
30 g Petersilie
60 g Frühlingszwiebeln
40 g Paprika, rot
5 g Butterschmalz
2 Eier
80 g Mozzarella, gerieben
80 g Crème fraîche
40 ml Milch
10 g Gemüsemischung-Gewürz
10 g Bruschetta-Gewürz
7 g Salz
3 g Pfeffer

Utensilien

Quiche-Form

Nährwerte p. P.

243 kcal
3 g Kohlenhydrate
15 g Fett
21 g Eiweiß

1 Bereiten Sie aus Mandelteig, Eiern, Wasser, Kurkuma und Salz einen Teig für den Boden in einer Schüssel vor. Der fertige Teig soll anschließend 30 Minuten im Kühlschrank ruhen.

2 Währenddessen zerkleinern Sie Petersilie, Frühlingszwiebel und Paprika und braten diese im Butterschmalz an.

3 Tropfen Sie den Thunfisch ab, geben Sie diesen in eine Schüssel und vermengen Sie ihn mit der Paprikamischung.

4 Vermischen Sie anschließend Crème fraîche, Eier, Milch, Mozzarella und Gewürze miteinander. Nehmen Sie den Teig aus dem Kühlschrank und rollen Sie diesen zwischen zwei Stücken Backpapier aus. Legen Sie Backpapier zusammen mit dem ausgerollten Teig in eine Quiche-Form hinein.

5 Glätten Sie den Teig mit feuchten Fingern. Verteilen Sie die Thunfischmischung gleichmäßig darauf. Zum Schluss geben Sie die Eier-Crème-fraîche-Masse mit einem Löffel darauf und verteilen diese ebenfalls.

6 Die Quiche soll anschließend bei 180 Grad Ober- und Unterhitze oder bei 160 Grad Umluft für 30 Minuten gebacken werden.

KETOGENE SALTIMBOCCA MIT PUTE

2 Port. 35 Min. Leicht

Zutaten

8 Blätter Salbei
4 flache Putenschnitzel
Etwas Salz & Pfeffer
8 Scheiben Schinken
600 g Brokkoli
3 EL Sonnenblumenöl
1 Knoblauchzehe
1 TL Mehl
350 ml Milch
100 g Emmentaler, gerieben
Muskatnuss, gerieben
1 TL Zitronensaft

Utensilien

Holzspieße

Nährwerte p. P.

648 kcal
12 g Kohlenhydrate
31 g Fett
81 g Eiweiß

1 Reinigen Sie den Salbei und tupfen Sie diesen trocken. Reinigen Sie die Schnitzel, tupfen Sie diese trocken und teilen Sie das Fleisch in zwei Hälften. Klopfen Sie die Schnitzel dünn zwischen den Schichten eines Gefrierbeutels aus und würzen Sie das Fleisch mit Salz und Pfeffer. Legen Sie auf jedes Schnitzel ein Salbeiblatt und eine Scheibe Schinken und fixieren Sie diese mit Holzspießen.

2 Waschen und putzen Sie den Brokkoli und zerteilen Sie diesen in Röschen. Garen Sie ihn circa 4 Minuten in kochendem Salzwasser, tropfen Sie ihn ab und halten Sie die Röschen warm.

3 Erhitzen Sie 2 EL Öl in einer Pfanne und braten Sie das Fleisch circa 6 Minuten unter ständigem Wenden.

4 Schälen und hacken Sie den Knoblauch fein. Erhitzen Sie 1 EL Öl in einem Topf und dünsten Sie den Knoblauch kurz an. Bestäuben Sie diesen mit Mehl und schwitzen Sie ihn unter Rühren kurz an. Löschen Sie das Ganze mit Milch ab und köcheln Sie ihn 2 - 3 Minuten.

5 Geben Sie Käse hinzu und schmelzen Sie diesen bei geringer Hitze unter ständigem Rühren. Würzen Sie die Soße mit Salz, Muskatnuss und Zitronensaft und schäumen Sie alles mit einem Pürierstab auf.

6 Servieren Sie Fleisch, Brokkoli und Soße auf und bestreuen Sie mit etwas Pfeffer.

RINDERSTEAK NACH ENGLISCHER ART

4 Port. 25 Min. Mittel

Zutaten

4 Zwischenrippenstücke vom Rind
4 EL Pflanzenöl
Etwas Meersalz & Pfeffer

Nährwerte p. P.

628 kcal
0 g Kohlenhydrate
30 g Fett
88 g Eiweiß

1 Heizen Sie Ofen auf 130 Grad Umluft oder auf 150 Grad Ober- und Unterhitze vor.

2 Waschen Sie gründlich das Fleisch und trocknen Sie dieses.

3 Erwärmen Sie in einer Pfanne etwas Öl und sobald es heiß ist, geben Sie das Fleisch hinein und braten es von beiden Seiten circa 2 Minuten kräftig an.

4 Geben Sie es anschließend in den vorgeheizten Backofen und garen Sie es weitere 5 - 10 Minuten, die Kerntemperatur des Fleisches sollte dabei 54 Grad erreichen.

5 Nehmen Sie das fertige Fleisch heraus und würzen Sie es mit Salz und Pfeffer von beiden Seiten. Das Fleisch soll anschließend für 5 Minuten ruhen.

6 Dazu passt gut Ofen-Gemüse.

SCHWEINEKOTELETTS MIT KNUSPRIGEM SPECK

4 Port. 30 Min. Mittel

Zutaten

200 g Bacon
8 Zweige Koriander
2 rote Chilischoten
4 EL Olivenöl
2 TL Currypulver
2 rote Zwiebeln
2 Knollen Knoblauch
8 EL neutrales Öl
4 Schweinekoteletts à 200 g
60 g Butter
8 Zweige Thymian
Etwas Salz & Pfeffer
4 Eier

Nährwerte p. P.

1.222 kcal
9 g Kohlenhydrate
113 g Fett
44 g Eiweiß

1 Reinigen Sie den Koriander und die Chilischoten und hacken Sie diese fein. Vermischen Sie Olivenöl mit Koriander, Chilischote und Currypulver.

2 Schneiden Sie die roten Zwiebeln in Ringe und teilen Sie die Knoblauchknolle in zwei Hälften.

3 Erhitzen Sie in einer Pfanne das neutrale Öl. Braten Sie die Schweinekoteletts auf jeder Seite circa 4 Minuten bei mittlerer Hitze. Fügen Sie nach der Hälfte der Garzeit Butter, Thymian und halbierte Knoblauchknolle hinzu und braten Sie diese mit. Übergießen Sie das Fleisch mit der Bratenbutter und würzen Sie diese mit Salz und Pfeffer.

4 Erhitzen Sie in einer zweiten Pfanne wieder etwas neutrales Öl, um darin Zwiebelringe, die Scheiben Bacon sowie die Eier zu braten. Würzen Sie die Zutaten mit Salz und Pfeffer.

5 Richten Sie die Schweinekoteletts an und übergießen Sie diese mit der vorbereiteten Koriander-Chili-Marinade.

6 Platzieren Sie anschließend die Scheiben Bacon, Zwiebelringe und Spiegeleier darauf.

SCHNITZEL MIT BLUMENKOHL-PÜREE

2 Port. 35 Min. Leicht

Zutaten

Schnitzel

200 g Kalbsschnitzel
25 g Mandelmehl
1 Ei
Etwas Salz
75 ml Pflanzenöl

Püree

500 g Blumenkohl
½ EL Margarine
1 Msp. Muskatnuss
Etwas Salz

Nährwerte p. P.

408 kcal
9 g Kohlenhydrate
24 g Fett
34 g Eiweiß

1 Erwärmen Sie Pflanzenöl in einer Pfanne.

2 Schlagen Sie das Ei in einem tiefen Teller auf und verquirlen Sie es. Geben Sie auf einen zweiten Teller das Mandelmehl.

3 Bedecken Sie die Schnitzel mit Frischhaltefolie und klopfen Sie es bis zu einer Dicke von 5 mm flach. Salzen Sie anschließend das Fleisch und tauchen Sie es zuerst im Mandelmehl, dann im verquirlten Ei und zum Schluss wieder im Mandelmehl.

4 Braten Sie anschließend die Schnitzel in einer heißen Pfanne von beiden Seiten jeweils 5 Minuten, bis diese goldbraun sind.

5 Garen Sie den Blumenkohl in einem mit Wasser gefüllten Kochtopf, bis dieser weich ist.

6 Gießen Sie das Kochwasser ab und zerkleinern Sie den Kohl im Topf mit einem Pürierstab.

7 Fügen Sie anschließend Margarine hinzu und würzen Sie es nach Geschmack mit Salz und Pfeffer.

8 Servieren Sie das Püree mit dem fertigen Schnitzel.

HÄHNCHEN MIT KETOGENEN SPAGHETTI

2 Port. | 2 Std. 20 Min. | Mittel

Zutaten

250 g Hähnchenbrustfilet
6 EL Olivenöl
1 TL Zitronensaft
1 TL Ingwer, gerieben
½ TL Kreuzkümmel
400 g Champignons
2 Schalotten
1 EL Butterschmalz
150 ml Kokosmilch
1 TL Tomatenmark, zuckerfrei
300 g Kelpnudeln
Etwas Salz & Pfeffer

Nährwerte p. P.

650 kcal
8 g Kohlenhydrate
53 g Fett
36 g Eiweiß

1 Zerlegen Sie das Fleisch in mundgerechte Stücke und legen Sie diese in eine Schüssel.

2 Rühren Sie eine Marinade aus Olivenöl, Zitronensaft, Ingwer, Kreuzkümmel und Salz an. Geben Sie diese über das Fleisch und vermischen Sie alles gründlich. Stellen Sie das Fleisch anschließend für 2 Stunden in den Kühlschrank.

3 Putzen Sie die Champignons, teilen Sie diese in zwei Hälften und schneiden Sie sie in dünne Scheiben. Schälen und würfeln Sie die Schalotten fein.

4 Erhitzen Sie Butterschmalz in einer Pfanne. Braten Sie das Fleisch darin kräftig an und garen Sie es bei mittlerer Hitze. Nehmen Sie das Fleisch aus der Pfanne und braten Sie in dem verbliebenen Fett Champignons und Schalotten an.

5 Vermischen Sie Kokosmilch und Tomatenmark und löschen Sie damit das Gemüse ab, reduzieren Sie die Hitze, damit die Zutaten für weitere 5 - 10 Minuten köcheln können. Zum Schluss das Fleisch hinzufügen und erwärmen.

6 Spülen Sie die Kelpnudeln unter kaltem Wasser ab, verteilen Sie diese auf Tellern und geben Sie darauf Fleisch und Soße. Mit etwas Pfeffer bestreuen.

GEMÜSEPFANNE MIT FRIKADELLEN

2 Port. 30 Min. Mittel

Zutaten

Rucola-Fenchel-Butter

50 g Rucola
½ TL Fenchelsamen
80 g Butter
Etwas Salz

Frikadellen

300 g Rinderhackfleisch
1 Zwiebel
1 EL Tomatenmark
Etwas Salz
1 Knoblauchzehe
½ TL Muskat
1 Ei
1 EL Kokosöl

Gemüse

1 Kopf Brokkoli
1 Tomate
2 Schalotten

Nährwerte p. P.

760 kcal
11 g Kohlenhydrate
60 g Fett
41 g Eiweiß

1 Für die Rucola-Fenchel-Butter reinigen Sie den Rucola und entfernen Sie die Stiele. Legen Sie einige Blätter zur Seite.

2 Geben Sie diese zusammen mit dem Fenchelsamen in ein hohes Gefäß und verarbeiten Sie alles zu einer feinen Masse. Anschließend Butter und Salz hinzufügen und erneut pürieren. Bis zum Gebrauch im Kühlschrank aufbewahren.

3 Für die Frikadellen schälen Sie zunächst Knoblauch und hacken Sie diesen fein. Anschließend mit dem Hackfleisch vermengen. Alle weiteren Zutaten für die Frikadellen hinzufügen und zu einem homogenen Teig verarbeiten. Formen Sie aus dem Teig circa 10 Frikadellen.

4 Erhitzen Sie Butterschmalz in einer Pfanne und braten Sie die Frikadellen von beiden Seiten an. Reduzieren Sie die Hitze, schließen Sie den Deckel und lassen Sie die Frikadellen durchgaren. Anschließend aus der Pfanne nehmen und warm halten.

5 Säubern Sie das Gemüse, teilen Sie den Brokkoli in Röschen und garen Sie diese circa 10 Minuten im Wasser. Putzen und würfeln Sie die Tomaten und braten Sie diese kurz im Bratfett an.

6 Nehmen Sie das Gemüse aus der Pfanne und garnieren Sie es zusammen mit den Frikadellen und mit der Rucola-Fenchel-Butter.

HÄHNCHEN-KOHLRABI-GRATIN

4 Port. | 1 Std., 10 Min. | Leicht

Zutaten

2 Knollen Kohlrabi
400 g Hähnchenbrustfilet
3 Blätter Salbei
4 Zweige Thymian
300 ml Kokosmilch
1 TL Zitronensaft
1 EL Senf
Etwas Salz & Pfeffer
4 EL Butter
200 g Bergkäse

Nährwerte p. P.

600 kcal
8 g Kohlenhydrate
44 g Fett
42 g Eiweiß

1 Schälen und zerkleinern Sie den Kohlrabi in Würfel und platzieren Sie diese in einer Auflaufform.

2 Heizen Sie den Ofen auf 180 Grad Umluft oder auf 200 Grad Ober- und Unterhitze vor.

3 Spülen Sie das Hähnchenbrustfilet mit kaltem Wasser ab, tupfen Sie es trocken und schneiden Sie das Fleisch in mundgerechte Stücke. Fügen Sie es zum Kohlrabi hinzu.

4 Reinigen Sie die Kräuter und hacken Sie diese fein.

5 Vermischen Sie Kokosmilch, Zitronensaft, Senf und Kräuter zu einer Soße und würzen Sie diese mit Salz und Pfeffer nach Geschmack.

6 Gießen Sie die Soße über den Auflauf und mischen Sie alles gut durch. Verteilen Sie anschließend Butter und Käse über dem Gratin.

7 Stellen Sie die Form für 50 Minuten zum Garen in den Backofen.

8 Servieren Sie das fertige Gratin mit frischem Thymian.

CHAMPIGNONS MIT HÄHNCHEN UND ARTISCHOCKEN

2 Port. 40 Min. Leicht

Zutaten

1 Zwiebel
100 g Champignons
390 g Artischocken
2 Stiele Thymian
3 EL Öl
170 g Hähnchenbrustfilet
100 ml Hühnerbrühe
Etwas Salz & Pfeffer
2 Stiele Petersilie
20 g Parmesan

Nährwerte p. P.

365 kcal
4 g Kohlenhydrate
19 g Fett
35 g Eiweiß

1 Schneiden Sie die Zwiebel in Ringe und säubern Sie die Pilze.

2 Tropfen Sie die Artischocken ab und halbieren Sie diese. Entfernen Sie die Stiele vom Thymian.

3 In einer Pfanne etwas Öl erhitzen und das Hähnchenbrustfilet darin von beiden Seiten anbraten, bis dieses goldbraun ist. Anschließend aus der Pfanne nehmen.

4 Geben Sie die Zwiebel in die Pfanne und dünsten Sie diese bei mittlerer Hitze 5 Minuten.

5 Fügen Sie das übrige Öl in die Pfanne hinzu und braten Sie darin die Pilze bei hoher Hitze an. Löschen Sie diese anschließend mit Brühe ab.

6 Artischocken, Thymian und Hähnchenbrust hinzufügen, salzen und pfeffern und zugedeckt 15 Minuten lang köcheln.

7 Petersilienblätter von den Stielen entfernen und grob hacken. Parmesan fein reiben.

8 Servieren Sie das Hähnchen mit Gemüse und Pilzen und garnieren Sie alles mit Petersilie und Parmesan.

RINDFLEISCH-AUFLAUF MIT EI

1 Port. | 30 Min. | Mittel

Zutaten

150 g Rinderhackfleisch
60 g Mozzarella
50 ml Schlagsahne
20 g Butter
4 Tropfen Tabasco
2 Cherrytomaten
2 Eier
2 Msp. Pfeffer
½ EL Petersilie, frisch
½ TL Salz

Utensilien

Auflaufform

Nährwerte p. P.

921 kcal
6 g Kohlenhydrate
75 g Fett
55 g Eiweiß

1 Den Ofen auf 220 Grad Ober- und Unterhitze oder auf 200 Grad Umluft vorheizen.

2 Reinigen Sie die Cherrytomaten und zerkleinern Sie diese.

3 Butter in einer Pfanne schmelzen und darin Hackfleisch anbraten, bis dieses vollständig gar ist. Würzen Sie das Fleisch mit Salz, Pfeffer und Tabasco, bevor Sie die geschnittenen Tomaten hinzufügen.

4 Gießen Sie Sahne hinzu und vermischen Sie alles gut miteinander.

5 Füllen Sie das Fleisch in eine Auflaufform um.

6 Formen Sie für die Eier kleine Mulden und legen Sie jeweils ein rohes Ei hinein. Geben Sie etwas Salz und Pfeffer über die Eier.

7 Zerteilen Sie den Mozzarella in kleine Stücke und verteilen Sie diesen rund um die Eier auf der Hackfleischmasse.

8 Den Auflauf 15 Minuten im Ofen backen und zum Schluss mit frischer Petersilie garnieren.

Hauptgerichte mit Fisch

MARINIERTER LACHS MIT HONIG

1 Port. 2,5 Std. Mittel

Zutaten

125 g Lachsfilet
1 EL Olivenöl
½ TL Essig
1 EL Bienenhonig
Je 1 Prise Salz & Pfeffer
1 Frühlingszwiebel
½ EL Butter

Nährwerte p. P.

268 kcal
9 g Kohlenhydrate
15 g Fett
22 g Eiweiß

1 Spülen Sie den Lachs mit Wasser ab und tupfen Sie diesen trocken.

2 Verquirlen Sie Öl, Essig und Honig auf einem Teller. Würzen Sie diese Mischung mit Salz und Pfeffer.

3 Legen Sie den Lachs in die Marinade, sodass beide Seiten mariniert sind, und stellen Sie ihn anschließend für 2 Stunden in den Kühlschrank.

4 Reinigen Sie die Frühlingszwiebel und schneiden Sie diese in feine Ringe.

5 Erhitzen Sie etwas Butter in einer Pfanne, geben den marinierten Lachs hinzu und braten ihn bei hoher Hitze von allen Seiten an. Reduzieren Sie anschließend die Hitze und köcheln Sie den Fisch weitere 10 Minuten. Streichen Sie gelegentlich Marinade darüber.

6 Die Frühlingszwiebeln kurz vor der Garzeit dazugeben und mitdünsten.

7 Den fertigen Lachs auf den Tellern servieren.

KABELJAUFILET MIT CASHEW-PESTO

1 Port. 25 Min. Leicht

Zutaten

1 TL Olivenöl
150 g Kabeljaufilet
2 TL Cashewkerne
40 g Crème fraîche
3 EL grünes Pesto

Nährwerte p. P.

603 kcal
9 g Kohlenhydrate
47 g Fett
35 g Eiweiß

1 Heizen Sie den Ofen auf 220 Grad Ober- und Unterhitze oder auf 200 Grad Umluft vor.

2 Ein Backblech mit Öl gründlich bestreichen und den Fisch darauf platzieren.

3 Für die Cashew-Kruste die Cashewkerne zerkleinern und in eine kleine Schale geben. Geben Sie anschließend Crème fraîche und Pesto hinzu und vermischen Sie alles gründlich miteinander.

4 Verteilen Sie die Mischung auf dem Kabeljaufilet und drücken Sie diese leicht an.

5 Grillen Sie den Fisch circa 7 Minuten auf der obersten Schiene im Ofen, bis die Kruste eine goldbraune Farbe annimmt.

6 Servieren Sie den Fisch beispielsweise mit Gemüse.

LACHS NACH ITALIENISCHER ART

2 Port. 35 Min. Mittel

Zutaten

150 g Lachsfilet
2 EL Rapsöl
1 TL Würzmischung für Fisch
1 Limette
1 Stängel Dill
1 Stängel Estragon
2 Stängel Petersilie
2 TL Sahnemeerrettich
20 g Parmesan

Nährwerte p. P.

336 kcal
4 g Kohlenhydrate
27 g Fett
19 g Eiweiß

1 Das Lachsfilet gründlich reinigen, abtrocknen und in dünne Stücke schneiden.

2 Vermischen Sie Rapsöl mit der Würzmischung.

3 Reinigen Sie die Limette und reiben Sie die Schale ab. Pressen Sie anschließend den Saft heraus.

4 Fügen Sie 1 TL Limettenschale und 1 EL Limettensaft zum gewürzten Öl hinzu.

5 Hacken Sie Dill, Estragon und Petersilie. Mischen Sie die Kräuter unter das Limetten-Öl.

6 Legen Sie die Lachsscheiben auf zwei Teller, beträufeln Sie diese mit der Marinade und stellen sie für 15 Minuten zum Ziehen zur Seite.

7 Garnieren Sie das Ganze mit Sahnemeerrettich. Hobeln Sie Parmesan und streuen Sie ihn über den Fisch.

LACHSFILET MIT SPARGEL

2 Port. 30 Min. Leicht

Zutaten

200 g Lachsfilet
400 g grüner Spargel
2 TL Butter
30 g Parmesan
4 TL Olivenöl

Nährwerte p. P.

391 kcal
4 g Kohlenhydrate
27 g Fett
29 g Eiweiß

1 Reinigen Sie den Spargel und zerteilen Sie diesen in Stücke.

2 Erhitzen Sie in einer Pfanne etwas Öl und garen Sie langsam den zerteilten Spargel mit Salz und Pfeffer.

3 In einer separaten Pfanne etwas Öl erhitzen und das Lachsfilet darin von beiden Seiten anbraten.

4 Sobald beides durchgegart ist, arrangieren Sie diese auf den Tellern. Träufeln Sie Butter über den Spargel. Anschließend den Fisch und Spargel mit Parmesan bestreuen.

GEBRATENES ZANDERFILET

4 Port. 25 Min. eicht

Zutaten

450 g Zanderfilet
Saft von ½ Zitrone, frisch gepresst
2 EL Butter
2 Prisen Salz
3 Knoblauchzehen
1 Prise Pfeffer

Nährwerte p. P.

79 kcal
6 g Kohlenhydrate
5 g Fett
1 g Eiweiß

1 Würzen Sie zunächst die Zanderfilets mit Salz, Pfeffer und Zitronensaft.

2 Hacken Sie den Knoblauch fein und dünsten Sie einen Teil davon in einer Pfanne mit heißer Butter.

3 Braten Sie anschließend die Zanderfilets in der Butter von beiden Seiten an. Kurz vor dem Ende der Garzeit fügen Sie den restlichen Knoblauch hinzu und dünsten die Filets noch einige Minuten weiter.

4 Servieren Sie die fertigen Zanderfilets mit frischem Gemüse.

ASIATISCHE GARNELENPFANNE MIT BOHNEN

2 Port. 25 Min. lLeicht

Zutaten

400 g Prinzessbohnen
300 g Kokosmilch
140 g Champignons
14 g Garnelen
2 TL Currypaste, grün
2 EL Sojasoße
1 Msp. Pfeffer
1 EL Zitronensaft
½ TL Salz

Nährwerte p. P.

351 kcal
12 g Kohlenhydrate
34 g Fett
7 g Eiweiß

1 Setzen Sie einen Kochtopf mit Salzwasser auf und bringen Sie es zum Kochen.

2 Schneiden Sie währenddessen die Enden von den Bohnen ab, reinigen Sie die Champignons und teilen Sie diese in Viertel.

3 Befreien Sie die Garnelen von der Schale und entfernen Sie den Darm.

4 Übergießen Sie die Garnelen mit etwas Zitronensaft.

5 Sobald das Wasser siedet, blanchieren Sie darin die Bohnen für 2 Minuten. Anschließend gut abtropfen.

6 Erwärmen Sie Kokosöl in einer Pfanne und rösten Sie darin die Bohnen sowie die Champignons bei mittlerer Hitze einige Minuten, bis die Pilze glasig sind.

7 Fügen Sie anschließend die Garnelen hinzu und braten Sie diese 2 Minuten mit.

8 Geben Sie grüne Currypaste, Kokosmilch und Sojasoße dazu. Die Zutaten kurz aufkochen und zum Schluss mit Salz und Pfeffer verfeinern.

9 Die fertige Asia-Pfanne anschließend auf Tellern verteilen und servieren.

Vegetarische Hauptgerichte

GEMÜSESPIEẞE MIT WÜRZIGEM DRESSING

8 Port. 25 Min. Leicht

Zutaten

3 Paprika
2 Zucchini
6 Cocktailtomaten
2 rote Zwiebeln
5 Champignons
2 EL Öl

Dressing

3 EL Olivenöl
3 Zweige Thymian
2 Knoblauchzehen
Etwas Salz & Pfeffer
1 EL Essig
½ TL Chiliflocken

Utensilien

Holzspieße

Nährwerte p. P.

108 kcal
6 g Kohlenhydrate
9 g Fett
2 g Eiweiß

1 Schneiden Sie die Zwiebel und die Paprika in gleich große Stücke, schneiden Sie die Zucchini in Scheiben und halbieren Sie die Champignons.

2 Verteilen Sie anschließend das Gemüse auf Holzspieße und pinseln Sie diese mit etwas Öl ein.

3 Grillen Sie das Gemüse von allen Seiten circa 5 - 10 Minuten in einer Grillpfanne, bis es leicht gebräunt ist.

4 Vermischen Sie die Dressing-Zutaten, außer Thymian, in einer Schale. Entfernen Sie die Blätter des Thymians und vermischen Sie diesen mit den restlichen Dressing-Zutaten.

5 Nach dem Grillen gießen Sie das Dressing über das Gemüse und servieren die Gemüsespieße auf den Tellern.

ZUCCHINI MIT GRILLKÄSE

4 Port. 55 Min. Leicht

Zutaten

1 Zucchini
200 g Grillkäse

Marinade

2 EL Olivenöl
2 Knoblauchzehen
1 TL Thymian
Je 1 TL Salz & Pfeffer
1 TL Zitronenabrieb
½ TL Vanillezucker

Utensilien

Holzspieße

Nährwerte p. P.

271 kcal
3 g Kohlenhydrate
23 g Fett
14 g Eiweiß

1 Reinigen Sie die Champignons und schneiden Sie diese in Scheiben. Reinigen Sie die Frühlingszwiebel und schneiden Sie diese in Ringe.

2 Die Paprikaschote waschen, Kerne sowie Innenhaut entfernen und Paprika in kleine Würfel schneiden.

3 Schlagen Sie das Eiweiß auf und würzen Sie dieses mit Würzsoße und Pfeffer. Fügen Sie Schnittlauch hinzu.

4 Schmelzen Sie etwas Butter in einer Pfanne und braten Sie darin die Champignons, bis sämtliche Flüssigkeit verdampft ist.

5 Geben Sie das restliche Gemüse dazu und dünsten Sie alles bei mittlerer Hitze 4 Minuten.

6 Fügen Sie das Eiweiß hinzu und lassen Sie es stocken.

7 Schmecken Sie das Gericht nach Belieben mit etwas Salz und Pfeffer ab.

FRÜHLINGSROLLEN AUF KETOGENE ART

11 Stk.

1 Std. 15 Min.

Mittel

Zutaten

40 g Konjaknudeln
80 g Möhren
50 g Chinakohl
40 g Mungbohnen
200 g Pilze
1 Frühlingszwiebel
1 Knoblauchzehe
2 Pfefferkörner
2 Koriandersamen
1 EL Erdnussöl
1 EL Sojasoße
½ EL Sesam
10 Stück Reispapier
Etwas Pflanzenöl
Etwas Koriander

Nährwerte p. P.

68 kcal
7 g Kohlenhydrate
4 g Fett
1 g Eiweiß

1 Für die Füllung bereiten Sie die Konjaknudeln gemäß der Anweisung zu und schneiden diese in 5 cm lange Abschnitte.

2 Die Möhren schälen und mit einem scharfen Messer in dünne Streifen schneiden. Waschen Sie den Chinakohl und schneiden Sie diesen ebenfalls in dünne Streifen. Tropfen Sie die Bohnen ab, schneiden Sie die Pilze in feine Streifen und die Frühlingszwiebel in dünne Ringe.

3 Zerstoßen Sie Knoblauch, Pfefferkörner und Koriander mit einem Mörser oder hacken Sie diese alternativ klein. Erhitzen Sie Erdnussöl in einer Pfanne und braten Sie die Knoblauchmischung kurz an.

4 Fügen Sie Gemüse und die Nudeln zum Knoblauch hinzu und braten Sie alles 5 Minuten leicht an. Geben Sie Sojasoße und Sesam dazu, vermischen Sie alles gut miteinander und kühlen Sie das Ganze anschließend etwas ab.

5 Füllen Sie einen tiefen Teller mit Wasser und weichen Sie das Reispapier einzeln ein. Legen Sie 1 EL der Mischung in die Mitte des Reispapiers und klappen Sie die Seiten über die Füllung. Rollen Sie anschließend das Reispapier vorsichtig zusammen und drehen Sie diese fest ein.

6 In eine Pfanne etwas Erdnussöl geben und die Frühlingsrollen von beiden Seiten anbraten. Anschließend auf einem Küchenpapier abtropfen. Mit Sesam bestreuen und mit Koriander garnieren.

BLUMENKOHL-AUFLAUF MIT NÜSSEN

4 Port. 50 Min. Leicht

Zutaten

600 g Blumenkohl
100 g Walnusskerne
100 g Mandeln
20 ml Olivenöl
2 Knoblauchzehen
¼ Bund Petersilie
120 ml Kokosmilch
1 EL Pfeilwurzelmehl
2 EL Hefeflocken
Etwas Meersalz & Pfeffer
Etwas Paprikapulver

Nährwerte p. P.

492 kcal
8 g Kohlenhydrate
42 g Fett
14 g Eiweiß

1 Erhitzen Sie in einem Kochtopf Olivenöl und rösten Sie darin den geschälten und zerkleinerten Knoblauch an.

2 Gießen Sie Kokosmilch hinzu, um das Ganze abzulöschen. Geben Sie Pfeilwurzelmehl, Hefeflocken und Paprikapulver dazu und bringen Sie die Mischung zum Kochen.

3 Bei niedriger Hitze die Soße 1 – 2 Minuten köcheln, bis diese eindickt. Anschließend Petersilie darüberstreuen.

4 Reinigen Sie den Blumenkohl, zerteilen Sie ihn in kleine Stücke und kochen Sie diese im Salzwasser in einem Kochtopf, sodass sie bissfest sind.

5 Anschließend den Blumenkohl abtropfen und in eine Auflaufform geben.

6 Zerkleinern Sie Mandeln und Walnusskerne grob und mischen Sie die Hälfte davon mit dem Blumenkohl. Anschließend die Käsesoße gleichmäßig verteilen und die restlichen Nüsse darüberstreuen.

7 Stellen Sie die Auflaufform in den Ofen und backen Sie diesen bei 180 Grad Ober- und Unterhitze oder bei 160 Grad Umluft 20 - 30 Minuten. Servieren Sie den Auflauf anschließend.

KETOGENE PASTA MIT KRÄUTERSEITLINGEN

2 Port. | 40 Min. | Leicht

Zutaten

200 g Zucchini
150 g Kräuterseitlinge
100 g Zuckerschoten
100 g grüner Spargel
150 g Kirschtomaten
100 g Pasta von Dr. Almond, kohlenhydratarm
200 ml Sahne
50 ml Olivenöl
Etwas Salz & Pfeffer
Etwas Bärlauch

Utensilien

Spiralschneider

Nährwerte p. P.

715 kcal
16 g Kohlenhydrate
60 g Fett
21 g Eiweiß

1 Die Pasta gemäß Anweisung zubereiten, in Bandnudeln schneiden und kurz im Salzwasser kochen. Anschließend das Wasser abgießen.

2 Reinigen und schneiden Sie die Zucchini mithilfe eines Spiralschneiders oder mithilfe eines scharfen Messers in spaghettiförmige Streifen.

3 Reinigen und zerteilen Sie Pilze, Zuckerschoten und Spargel.

4 Geben Sie die Pilze in eine Pfanne mit Olivenöl und rösten Sie diese. Fügen Sie die Schoten und Spargel hinzu, würzen Sie diese mit Salz und Pfeffer und löschen Sie das Ganze mit Sahne ab. Die Zutaten sollen 2 - 3 Minuten köcheln.

5 Schneiden Sie den Bärlauch fein und geben Sie diesen zur Sahne hinzu.

6 Fügen Sie Zucchini-Spaghetti und Pasta hinzu und erwärmen Sie alles kurz. Richten Sie das Gericht auf den Tellern an.

WEIßKRAUT-FLECKERL

6 Port. | 40 Min. | Leicht

Zutaten

375 g Mozzarella
9 Eier
4 EL Flohsamenschalen
Etwas Salz & Pfeffer
750 g Weißkraut
75 g Butter
Etwas Petersilie
Etwas Kümmel

Nährwerte p. P.

409 kcal
9 g Kohlenhydrate
31 g Fett
23 g Eiweiß

1 Reinigen Sie den Weißkohl und zerkleinern Sie diesen in 2 cm große Stücke.

2 Blanchieren Sie die Stücke in einem Kochtopf mit Salzwasser, sodass diese noch bissfest sind.

3 Heizen Sie den Ofen auf 180 Grad Ober- und Unterhitze oder auf 160 Grad Umluft vor.

4 Für die Fleckerl Mozzarella mit Eiern und Flohsamenschalen zu einer glatten Masse vermischen und diese anschließend mit Salz, Pfeffer und Petersilie würzen.

5 Verteilen Sie die Masse auf einem mit Backpapier ausgelegten Backblech und backen Sie diese 10 - 15 Minuten im Ofen.

6 Braten Sie das Weißkraut in Butter an und würzen Sie mit Salz, Pfeffer und Kümmel.

7 Schneiden Sie die fertig gebackene Masse in Rauten und mischen Sie diese unter das Weißkraut.

OFEN-FRITTATA MIT SPINAT UND RICOTTA

2 Port. 40 Min. Leicht

Zutaten

4 Eier
100 g Ricotta
100 g Blattspinat
300 g Kirschtomaten
5 Stiele Basilikum
Etwas Salz & Pfeffer

Nährwerte p. P.

210 kcal
4 g Kohlenhydrate
13 g Fett
18 g Eiweiß

1 Heizen Sie den Ofen auf 200 Grad Ober- und Unterhitze oder auf 180 Grad Umluft vor.

2 Legen Sie eine Auflaufform mit Backpapier aus.

3 Waschen Sie den Spinat und tropfen Sie diesen ab.

4 Reinigen Sie die Tomaten und halbieren Sie diese. Waschen Sie das Basilikum, zupfen Sie die Blätter ab und hacken Sie es grob.

5 Schlagen Sie die Eier auf und verquirlen Sie diese. Würzen Sie die Eier mit Salz und Pfeffer. Vermischen Sie anschließend Spinat, Tomaten und Basilikum mit der Eiermischung.

6 Gießen Sie die Mischung in die vorbereitete Auflaufform und verteilen Sie Ricotta darauf. Backen Sie das Ganze 20 Minuten im Ofen.

7 Nehmen Sie die fertige Frittata aus dem Ofen, zerteilen sie in Portionen und servieren sie auf den Tellern.

GEFÜLLTE PAPRIKA MIT FRISCHKÄSE

2 Port. | 1 Std. 20 Min. | Leicht

Zutaten

2 rote Paprika
150 g Blattspinat
125 g Frischkäse
2 Eier
2 Schalotten
1 Knoblauchzehe
2 Stiele Petersilie
Etwas Zitronensaft
½ EL Öl
Etwas Salz & Pfeffer
Etwas Muskat

Nährwerte p. P.

250 kcal
13 g Kohlenhydrate
15 g Fett
18 g Eiweiß

1 Reinigen Sie die Paprikaschoten, schneiden Sie die Stiele ab und entfernen Sie die Kerne.

2 Reinigen Sie den Spinat und tropfen Sie diesen ab.

3 Schälen Sie Schalotten und Knoblauch und würfeln Sie diese klein. Die Petersilienblätter sollen gehackt werden.

4 Erhitzen Sie Öl in einem Kochtopf. Dünsten Sie Schalotten und Knoblauch circa 1 Minute darin an, bis sie glasig sind. Fügen Sie den Spinat hinzu, würzen Sie ihn mit Salz, Pfeffer und Muskatnuss und ein paar Spritzern Zitronensaft. Geben Sie 1 EL Wasser hinzu und köcheln Sie alles bei mittlerer Hitze 5 Minuten.

5 Rühren Sie Frischkäse ein, schmecken Sie es erneut ab und köcheln Sie das Ganze weitere 5 Minuten.

6 Platzieren Sie die Paprikaschoten in einer Auflaufform, füllen Sie diese mit Spinat auf. Garen Sie diese 45 Minuten im Ofen bei 200 Grad Ober- und Unterhitze oder bei 180 Grad Umluft.

7 Schlagen Sie nach 15 Minuten jeweils ein Ei auf den Spinat in jeder Schote auf. Setzen Sie die Paprika-Deckel darauf.

8 Nehmen Sie die gefüllte Paprika aus dem Ofen und würzen Sie die Eier mit Salz und Pfeffer nach Geschmack.

SPARGEL MIT PISTAZIEN UND HOLLANDAISE-SOẞE

2 Port. 30 Min. Leicht

Zutaten

12 Stangen Spargel, weiß
2 EL Erbsensprossen
2 EL Pistazien
1 Zitrone
125 g Butter
2 Eigelbe
1 TL Senf
Etwas Meersalz & Pfeffer

Nährwerte p. P.

646 kcal
9 g Kohlenhydrate
63 g Fett
11 g Eiweiß

1 Für die Soße etwas Butter in einem Kochtopf bei mittlerer Hitze schmelzen und anschließend abkühlen.

2 Pressen Sie beide Hälften der Zitrone aus, schälen Sie den Spargel und befreien Sie diesen von den Enden.

3 Legen Sie den Spargel in einen Kochtopf mit Wasser, etwas Salz und Zitronensaft und köcheln Sie diesen bei geschlossenem Deckel 8 - 12 Minuten.

4 Erhitzen Sie eine Pfanne und rösten Sie darin die Pistazien ohne Fettzugabe. Anschließend herausnehmen, abkühlen lassen und grob zerhacken.

5 In einen Mixbecher Eigelbe, 1 EL Zitronensaft und 1 TL Senf geben und mithilfe eines Stabmixers pürieren. Fügen Sie anschließend langsam die geschmolzene Butter hinzu und mixen Sie weiter, bis eine Creme entsteht. Würzen Sie die Soße mit Salz und Pfeffer.

6 Geben Sie die Soße in einen Topf und erwärmen Sie diese unter ständigem Rühren bei mittlerer Hitze, aber kochen Sie diese nicht.

7 Nehmen Sie den Spargel aus dem Wasser und richten Sie diesen auf zwei Tellern an. Verteilen Sie die Soße sowie Sprossen und Pistazien darüber.

GRILLPFANNE-ZUCCHINI MIT FETA

4 Port. 25 Min. Leicht

Zutaten

50 g Oliven, grün
1 Knoblauchzehe
200 g Feta-Käse
1 TL Oregano
1 Prise Pfeffer
2 Zucchini
1 Prise Salz
1 EL Olivenöl

Nährwerte p. P.

195 kcal
8 g Kohlenhydrate
15 g Fett
9 g Eiweiß

1 Zerkleinern Sie die Oliven grob, schälen und hacken Sie den Knoblauch fein.

2 Zerdrücken Sie in einer Schüssel den Feta-Käse, bis er eine grobe Konsistenz hat.

3 Mischen Sie Oregano, Knoblauch und Oliven mit dem Feta-Käse und würzen Sie es mit Pfeffer.

4 Waschen Sie die Zucchini, schneiden Sie die Enden ab und teilen Sie diese längs in Scheiben. Verteilen Sie die Feta-Mischung auf der Hälfte der Scheiben, bedecken Sie diese mit den restlichen Scheiben und salzen und pfeffern Sie nach Geschmack.

5 Grillen Sie die Zucchini auf einer geölten Alu-Grillpfanne circa 8 Minuten von jeder Seite, drehen Sie diese dabei vorsichtig um und schmecken Sie sie mit Salz und Pfeffer ab.

RÄUCHERTOFU MIT ZUCCHINI-NUDELN

2 Port. | 25 Min. | Leicht

Zutaten

500 g Zucchini
½ Ingwer
175 g Räuchertofu
1 EL Sonnenblumenöl
1 EL Sesam
2 EL Sojasoße
Etwas Salz & Pfeffer
3 EL Limettensaft
2 EL Röstzwiebeln

Nährwerte p. P.

340 kcal
12 g Kohlenhydrate
22 g Fett
22 g Eiweiß

1 Reinigen Sie die Zucchini und schneiden Sie diese in lange dünne Streifen.

2 Schälen Sie den Ingwer und den Knoblauch und hacken Sie beides fein. Zerbröseln Sie grob den Tofu.

3 Erhitzen Sie 1 EL Öl in einer großen Pfanne und braten Sie den Tofu darin circa 2 Minuten an, während Sie ihn wenden.

4 Geben Sie Ingwer, Knoblauch und Sesam hinzu und braten Sie alles zusammen 3 Minuten.

5 Würzen Sie das Ganze mit Sojasoße, stellen es zur Seite und halten es warm.

6 In der Pfanne 2 EL Öl erhitzen und darin die Zucchinistreifen 3 Minuten dünsten. Schmecken Sie diese mit Salz, Pfeffer und Limettensaft ab.

7 Richten Sie die Nudeln mit der Tofu-Mischung an und streuen Sie Röstzwiebeln darüber.

HERZHAFTER KETOGENER GEMÜSEKUCHEN

8 Stk. | 1 Std. 15 Min. | Leicht

Zutaten

700 g Blumenkohl
500 g Brokkoli
100 g Bergkäse
6 Eier
Etwas Salz & Pfeffer
500 g Pastinaken
500 g Möhren
1 EL Öl
250 g Schmand

Nährwerte p. P.

520 kcal
7 g Kohlenhydrate
40 g Fett
29 g Eiweiß

1 Reinigen Sie den Blumenkohl und den Brokkoli und trennen Sie die Röschen vom Strunk. Schälen und schneiden Sie den Brokkolistrunk. Das Gemüse soll fein gehackt werden.

2 Reiben Sie den Käse grob und mischen Sie diesen mit der Kohlmischung, zwei Eiern und einer Prise Salz.

3 Verteilen Sie die Gemüsemischung auf einem tiefen, mit Backpapier ausgelegtem Backblech. Drücken Sie die Mischung flach zum Boden zusammen und formen Sie dabei einen Rand.

4 Heizen Sie den Ofen auf 200 Grad Ober- und Unterhitze oder auf 180 Grad Umluft vor. Backen Sie die Mischung 25 Minuten im Ofen vor.

5 Für den Belag Pastinaken und Möhren schälen und längs halbieren. Erhitzen Sie Öl in einer Pfanne und dünsten Sie das Gemüse darin an. Würzen Sie es mit Salz und Pfeffer und löschen Sie es mit 250 ml Wasser ab. Zugedeckt soll das Gemüse 8 Minuten garen.

6 Schlagen Sie die Eier auf, verquirlen Sie diese mit Schmand und dem restlichen Käse. Würzen Sie die Mischung ebenfalls mit Salz und Pfeffer.

7 Verteilen Sie etwa ein Drittel der Soße auf dem Teigboden, legen Sie das Gemüse darauf und gießen Sie den Rest der Soße darüber. Backen Sie das Ganze bei gleicher Temperatur weitere 30 Minuten im Ofen.

ORIENTALISCHE GEMÜSEPFANNE MIT SPIEGELEI

6 Port. | 30 Min. | Leicht

Zutaten

4 Paprikaschoten
2 Zwiebeln
4 EL Öl
4 EL Tomatenmark
850 ml Dosentomaten
2 EL Weißweinessig
Etwas Salz & Pfeffer
Etwas Cayennepfeffer
Etwas Edelsüßpaprika
10 Eier
6 Stiele Petersilie

Nährwerte p. P.

220 kcal
12 g Kohlenhydrate
13 g Fett
13 g Eiweiß

1 Reinigen Sie die Paprika und schneiden Sie diese in Würfel. Schälen Sie die Zwiebeln und würfeln Sie diese fein.

2 Erhitzen Sie Öl in einer Pfanne und dünsten Sie darin Zwiebel und Paprika an. Fügen Sie Tomatenmark hinzu. Gießen Sie anschließend die Tomaten zusammen mit ihrem Saft und 200 ml Wasser dazu und kochen die Zutaten auf.

3 Würzen Sie das Ganze mit Essig, Salz, Pfeffer, Cayennepfeffer und Paprikapulver. Köcheln Sie die Mischung bei niedriger Hitze 10 Minuten mit Deckel.

4 Heizen Sie den Ofen auf 175 Grad Ober- und Unterhitze oder auf 150 Grad Umluft vor.

5 Nehmen Sie den Deckel ab und schlagen Sie die Eier auf und lassen Sie diese vorsichtig in die Soße gleiten.

6 Backen Sie das Ganze für 5 – 10 Minuten im Ofen.

7 Waschen und trocknen Sie die Petersilie, zupfen Sie die Blätter ab und streuen Sie diese zum Servieren über das fertige Shakshuka.

SOMMERGEMÜSE-AUFLAUF MIT MOZZARELLA

2 Port. | 1 Std. | Leicht

Zutaten

1 Aubergine
2 EL Olivenöl
2 Tomaten
125 g Mozzarella
3 Stiele Thymian
1 Knoblauchzehe
Etwas Salz & Pfeffer
15 g vegetarischer Hartkäse

Nährwerte p. P.

340 kcal
7 g Kohlenhydrate
25 g Fett
18 g Eiweiß

1 Reinigen Sie die Auberginen und schneiden Sie diese in Scheiben. Erhitzen Sie 5 EL Öl in einer Pfanne und braten Sie die Scheiben darin von beiden Seiten jeweils 3 Minuten, bis diese goldbraun sind.

2 Nehmen Sie die fertigen Scheiben aus der Pfanne und tropfen Sie diese auf einem Küchenpapier ab.

3 Waschen Sie die Tomaten und schneiden Sie diese, ebenso wie den Mozzarella, in Scheiben. Waschen Sie den Thymian und streifen Sie die Blättchen ab. Schälen und schneiden Sie den Knoblauch in Scheiben.

4 Heizen Sie den Ofen auf 200 Grad Ober- und Unterhitze oder auf 180 Grad Umluft vor.

5 Fetten Sie eine Auflaufform mit Öl ein und legen Sie abwechselnd Auberginen, Tomaten und Mozzarella hinein. Jede Schicht mit Thymian, Knoblauch, Salz und Pfeffer würzen. Beenden Sie die Schicht mit Mozzarella.

6 Backen Sie das Ganze 30 Minuten im Ofen.

7 Reiben Sie Hartkäse und verteilen Sie diesen circa 10 Minuten vor dem Ende der Backzeit über dem Auflauf.

8 Garnieren Sie den fertigen Auflauf mit etwas Thymian.

ZUCCHINI-ZOODLES MIT FETA-KÄSE

2 Port. 30 Min. Leicht

Zutaten

2 Zucchini
100 ml Kochsahne
100 g Feta-Käse
4 EL Walnüsse
1 EL Olivenöl
2 Frühlingszwiebeln
Etwas Salz & Pfeffer
Etwas Muskat

Utensilien:

Spiralschneider

Nährwerte p. P.

207 kcal
13 g Kohlenhydrate
12 g Fett
14 g Eiweiß

1 Schneiden Sie die Zucchini mithilfe eines Spiralschneiders in eine spaghettiähnliche Form.

2 Zerstoßen Sie die Walnüsse und rösten Sie diese in einer Pfanne ohne Fett.

3 Schneiden Sie die Frühlingszwiebeln in kleine Ringe.

4 Erhitzen Sie etwas Öl in einer separaten Pfanne und braten Sie die Zucchini-Spaghetti 1 - 2 Minuten an und stellen Sie diese anschließend zur Seite.

5 Braten Sie die Frühlingszwiebeln in der Pfanne an und fügen Sie Sahne hinzu. Ein Drittel des Feta-Käses dazugeben und mit Salz, Pfeffer und Muskatnuss würzen.

6 Vermischen Sie die Zucchini-Spaghetti mit der Soße und garnieren Sie diese auf Tellern mit dem restlichen Feta und den gerösteten Walnüssen.

SPARGEL MIT EI UND DRESSING

4 Port. 25 Min. Leicht

Zutaten

1 kg weißer Spargel
1 TL Salz
1 Prise Zucker
3 Eier
2 EL gehackter Schnittlauch

Dressing

4 EL Olivenöl
2 EL Weißweinessig
2 TL Ahornsirup
Etwas Salz & Pfeffer

Nährwerte p. P.

109 kcal
11 g Kohlenhydrate
4 g Fett
10 g Eiweiß

1 Schälen Sie den Spargel und entfernen Sie harte Endstücke.

2 Den Spargel in einen Kochtopf mit heißem Wasser, Salz und Zucker geben und 10 Minuten kochen. Anschließend das Wasser abgießen.

3 Kochen Sie die Eier circa 7 Minuten hart und spülen Sie diese unter kaltem Wasser ab. Pellen und vierteln Sie diese.

4 Verrühren Sie gründlich die Zutaten für das Dressing miteinander, bevor Sie es mit dem Spargel kombinieren.

5 Rühren Sie die Eier behutsam ein und garnieren Sie das Gericht mit dem Schnittlauch.

Vegane Hauptgerichte

GEMÜSEPFANNE MIT SPARGEL

1 Port. 25 Min. Leicht

Zutaten

2 vegane Ei-Ersatz
25 g Proteinpulver
30 g veganer Reibekäse
3 grüne Spargelstangen
5 Cocktailtomaten
½ rote Zwiebel
1 Frühlingszwiebel
1 TL Olivenöl
Etwas Mandelmilch
Frische Basilikumblätter
Etwas Meersalz & Pfeffer

Nährwerte p. P.

410 kcal
7 g Kohlenhydrate
23 g Fett
46 g Eiweiß

1 Zunächst den Ofen auf 180 Grad Ober- und Unterhitze oder auf 160 Grad Umluft vorheizen.

2 Schneiden Sie das Gemüse in kleine Würfel und erhitzen Sie Olivenöl in einer Pfanne.

3 Braten Sie das Gemüse in der Pfanne bei mittlerer Hitze kurz an.

4 Vegane Ei-Ersatz und Proteinpulver zusammen mit etwas Mandelmilch zu einer Rührei-Mischung verschlagen und mit Meersalz sowie Pfeffer abschmecken.

5 Die geschlagene Eiermasse über das angebratene Gemüse gießen und 3 Minuten abgedeckt stocken lassen.

6 Verstreuen Sie anschließend den veganen Käse darauf und backen Sie das Ganze auf der mittleren Schiene circa 15 Minuten.

KETOGENE BUDDHA-BOWL

3 Port. 45 Min. Leicht

Zutaten

1 EL Olivenöl
200 g Tofu
1 Prise Kurkuma
¼ TL Salz
½ EL Sesam
200 g Brokkoli
200 g Grünkohl
1 Avocado
⅓ Tasse Kräuter, gemischt
50 g Zuckerschoten
50 g Oliven
1 EL Zitronensaft

Nährwerte p. P.

327 kcal
7 g Kohlenhydrate
25 g Fett
15 g Eiweiß

1 Zunächst den Ofen auf 200 Grad Ober- und Unterhitze oder auf 180 Grad Umluft vorheizen.

2 Zerschneiden Sie den Tofu in Würfel und verteilen Sie diesen auf einem mit Backpapier belegten Backblech. Bestreichen Sie die Würfel mit ½ EL Olivenöl, streuen Sie Kurkuma, Salz und Sesam darauf und backen Sie das Ganze 30 - 35 Minuten im Ofen.

3 Dämpfen Sie den Brokkoli in einem Topf mit etwas Wasser bei hoher Temperatur, bis das Wasser verdunstet ist. Fügen Sie anschließend das restliche Öl, Kohl und eine Prise Salz hinzu und dünsten Sie die Zutaten weitere 2 Minuten.

4 Befreien Sie die Avocado vom Kern und schneiden Sie das Fruchtfleisch in Streifen. Verteilen Sie dieses zusammen mit Kräutern, Zuckerschoten, Oliven und dem gebackenen Tofu in die Bowls.

TOFU MIT VEGANER BOLOGNESE

2 Port. | 30 Min. | Leicht

Zutaten

2 Möhren
1 Lauchzwiebel
150 g getrocknete Tomaten
200 g Räuchertofu
200 g passierte Tomaten
Etwas Salz & Pfeffer

Nährwerte p. P.

198 kcal
15 g Kohlenhydrate
8 g Fett
2 g Eiweiß

1 Schneiden Sie zunächst Tomaten, Lauchzwiebel und Möhren klein.

2 Zerbröseln Sie den Räuchertofu mit den Händen und dünsten Sie ihn anschließend in einer Pfanne mit etwas Olivenöl bei mittlerer Hitze an.

3 Fügen Sie Tomaten und Lauchzwiebel dazu und dünsten Sie das Ganze weitere 2 - 3 Minuten an.

4 Geben Sie passierte Tomaten dazu, würzen Sie die Zutaten und kochen Sie diese bei geringer Hitze weitere 5 Minuten ein.

5 Servieren Sie den fertigen Tofu mit veganem Bolognese auf den Tellern.

BUNTER GEMÜSECURRY

3 Port. 25 Min. Leicht

Zutaten

50 g Möhren
80 g Lauchzwiebeln
100 g Paprika
100 g Zucchini
100 ml Kokosmilch
4 g Curry-Mischung
20 g Mandelmus
Etwas Salz & Pfeffer
200 ml Gemüsebrühe
50 g Erbsen-Schnetzel

Nährwerte p. P.

221 kcal
2 g Kohlenhydrate
1 g Fett
2 g Eiweiß

1 Schneiden Sie Möhren, Paprika und Zucchini in kleine Würfel, Lauch in dünne Scheiben.

2 Nehmen Sie eine Schüssel und fügen Sie Erbsen-Schnetzel mit Gemüsebrühe hinzu. Die Erbsen-Schnetzel sollen 10 Minuten darin ziehen.

3 Braten Sie die Lauchzwiebel in Olivenöl in einer Pfanne an.

4 Sieben Sie die Erbsen-Schnetzel ab und bewahren Sie die Brühe auf.

5 Fügen Sie die Schnetzel zum Lauch hinzu und braten Sie diese mit an. Würzen Sie das Ganze mit Curry, Ingwer, Salz und Pfeffer und vermischen Sie es gut miteinander.

6 Geben Sie Möhren, Paprika und Zucchini dazu und verrühren Sie alles erneut. Kochen Sie die Zutaten mit Kokosmilch auf, reduzieren Sie die Hitze und köcheln es weiter.

7 Geben Sie 1 EL Mandelmus sowie die Gemüsebrühe dazu, bis die gewünschte Konsistenz erreicht ist.

8 Als Beilage schneiden Sie die Zucchini in Streifen, braten Sie diese in etwas Olivenöl an und servieren sie zum Gericht.

VEGANE KIMCHI-PFANNE

4 Port. 2 Tage. Mittel

Zutaten

1 Chinakohl
1 TL Meersalz
20 g frischer Ingwer
2 Knoblauchzehen
2 Möhren
2 Frühlingszwiebeln
2 EL Sojasoße
1 TL Kurkumapulver
1 EL Chiliflocken
1 EL Paprikapulver
1 EL Erythrit

Utensilien

Schraubgläser

Nährwerte p. P.

69 kcal
12 g Kohlenhydrate
1 g Fett
3 g Eiweiß

1 Schneiden Sie den Chinakohl in mundgerechte Stücke und vermischen Sie ihn mit Salz in einer Schüssel. Der Kohl soll 3 Stunden ruhen. Anschließend mit kaltem Wasser abspülen.

2 Zerkleinern Sie Frühlingszwiebeln und Möhren und fügen Sie diese zum Kohl hinzu.

3 Für die Würzpaste Knoblauch und Ingwer schälen, Knoblauch fein hacken und Ingwer reiben. Mischen Sie beides zusammen anschließend mit Sojasoße, Kurkumapulver, Erythrit, Paprikapulver und Chiliflocken in einem Mörser oder mit einem Pürierstab zu einer Paste.

4 Verteilen Sie die Kimchi-Paste gleichmäßig im Gemüse. Reiben Sie anschließend Kohl mit der Paste ein.

5 Füllen Sie das Kimchi in saubere Gläser. Drücken Sie das Gemüse beim Einfüllen immer wieder gut zusammen, um Luftblasen zu vermeiden und damit das Gemüse gleichmäßig von Flüssigkeit bedeckt ist.

6 Das Kimchi bei Raumtemperatur zwei Tage leicht abgedeckt gären. Stellen Sie es anschließend in den Kühlschrank, damit die Fermentation verlangsamt wird. So hält das Kimchi 2 - 3 Monate.

ASIA-SOMMERROLLEN MIT SPARGEL UND SESAM-TOFU

2 Port. 50 Min. Leicht

Zutaten

30 g eingelegter Ingwer
1 Limette
2 EL Sojasoße
250 g grüner Spargel
Etwas Salz
2 Möhren
½ Avocado
200 g Mandel-Sesam-Räuchertofu
2 Stiele Minze
1 Handvoll Rucola
4 Blätter Reispapier

Nährwerte p. P.

120 kcal
15 g Kohlenhydrate
8 g Fett
9 g Eiweiß

1 Für den Dip zunächst den Ingwer abtropfen und klein hacken, Limette säubern und die Schale fein abreiben. Halbieren Sie die Limette und pressen Sie den Saft aus.

2 Bringen Sie in einem Kochtopf Ingwer, Limettensaft, Limettenabrieb und 50 ml Wasser zum Kochen und rühren Sie das Ganze hin und wieder um. Geben Sie anschließend Sojasoße dazu und nehmen Sie den Topf zum Abkühlen vom Herd.

3 Für die Sommerrollen kochen Sie 1 Liter Wasser mit 1 TL Salz und ½ TL Zucker auf. Waschen Sie den Spargel, schneiden Sie die Enden ab und dünsten Sie ihn 5 - 7 Minuten im Salzwasser.

4 Putzen und schälen Sie die Möhren und schneiden Sie diese in feine Streifen. Entkernen Sie die Avocado, lösen Sie das Fruchtfleisch heraus und schneiden Sie dies ebenfalls in Streifen.

5 Braten Sie den Räuchertofu in einer Pfanne an. Erhitzen Sie hierfür 1 EL Öl und braten Sie den Tofu unter ständigem Wenden 5 Minuten, bis dieser knusprig ist. Würzen Sie ihn mit Salz, nehmen Sie ihn anschließend aus der Pfanne heraus und schneiden Sie diesen in Stangen.

6 Breiten Sie auf der Arbeitsfläche ein feuchtes sauberes Geschirrtuch aus. Das Reispapier einzeln durch kaltes Wasser ziehen, abtropfen und nebeneinander auf das Tuch legen. Anschließend für 2 - 3 Minuten quellen lassen.

7 Belegen Sie jedes Reispapier mit Möhren, Spargel, Tofu, Avocado, Minze und Rucola. Klappen Sie die kurze Seite des Reispapiers zur Mitte hin. Klappen Sie anschließend die beiden äußeren Seiten über das Gemüse.

8 Rollen Sie die Sommerrollen von unten nach oben fest auf, halbieren Sie diese und richten Sie mit dem Ingwer-Soja-Dip an.

SPAGHETTI MIT SPINAT AUF KETOGENE ART

2 Port. | 30 Min. | Leicht

Zutaten

200 g Babyspinat
100 g weißes Mandelmus
200 ml Wasser
2 rote Zwiebeln
2 Knoblauchzehen
10 getrocknete Tomaten
30 g Sonnenblumenkerne, geröstet
8 kleine Zucchini
6 EL Olivenöl
2 Prisen Kurkuma
1 Prise Muskatnuss
Etwas Meersalz & Pfeffer

Nährwerte p. P.

570 kcal
19 g Kohlenhydrate
40 g Fett
22 g Eiweiß

1 Reinigen Sie den Babyspinat und schleudern Sie diesen trocken.

2 In einer kleinen Schüssel Mandelmus und Wasser mischen, anschließend 1 Prise Muskatnuss einrühren.

3 Schneiden Sie Zwiebeln, Knoblauchzehen und getrocknete Tomaten klein. Reinigen Sie die Zucchini und schneiden Sie diese mit einem Spiralschneider oder mit einem Messer in dünne Scheiben, sodass sie wie Nudeln aussehen.

4 Erhitzen Sie Öl in einer Pfanne und schwitzen Sie Zwiebel zusammen mit Knoblauch und Kurkuma 3 - 4 Minuten an.

5 Braten Sie die Zucchininudeln in einer separaten Pfanne mit Olivenöl für 2 – 3 Minuten an, diese sollen jedoch knackig bleiben.

6 Geben Sie Mandelcreme und Babyspinat zur Pfanne mit den Zwiebeln hinzu und köcheln Sie das Ganze weitere 3 Minuten, während Sie umrühren.

7 Fügen Sie die Zucchininudeln zur Mandelcreme hinzu und köcheln das Ganze weitere 2 Minuten.

8 Würzen Sie es mit Salz und Pfeffer und nehmen Sie anschließend die Pfanne vom Herd.

9 Mit gerösteten Sonnenblumenkernen bestreuen und servieren.

REIS AUS BLUMENKOHL

4 Port. | 25 Min. | Leicht

Zutaten

2 Blumenkohle (je circa 600 g)
Etwas Olivenöl
Etwas Salz & Pfeffer

Nährwerte p. P.

18 kcal
2 g Kohlenhydrate
0 g Fett
2 g Eiweiß

1 Reinigen Sie den Blumenkohl und trocknen Sie diesen.

2 Teilen Sie den Blumenkohl in große Segmente und verarbeiten Sie ihn mithilfe einer Reibe (mittelgroße Öffnung) zum Reis.

3 Legen Sie den Reis auf ein sauberes Tuch oder Küchenpapier und pressen Sie sanft, um überflüssige Flüssigkeit zu entziehen.

4 Erhitzen Sie 1 EL Öl in einer großen Pfanne und braten Sie den Blumenkohl bei mittlerer Hitze darin an. Bedecken Sie die Pfanne mit einem Deckel, damit der Reis beim Dampfen weicher wird.

5 Garen Sie das Ganze 5 - 8 Minuten und würzen Sie es nach Geschmack mit Salz und Pfeffer.

VEGANES CHICKEN AUF INDISCHE ART

2 Port. | 1 Std. 35 Min. | Leicht

Zutaten

750 g Blumenkohlreis
250 g Tofu, neutral
200 g grüne Bohnen
400 ml Kokosmilch
400 ml Dose gehackte Tomaten
1 Zwiebel
5 Knoblauchzehen
1 Knolle Ingwer
2 EL Kokosöl
2 TL Kurkuma, gemahlen
1 EL Garam Masala, gemahlen
1 EL Kreuzkümmel, gemahlen
1 TL Meersalz
½ TL Pfeffer
½ TL Cayennepfeffer
½ TL Ceylon Zimt, gemahlen
1 Ceylon Zimtstange
2 EL Zitronensaft
Etwas Koriander &Chilipulver

Nährwerte p. P.

830 kcal
20 g Kohlenhydrate
70 g Fett
31 g Eiweiß

1 Würfeln Sie die Zwiebel fein und hacken Sie die Knoblauchzehen. Säubern Sie den Ingwer und hacken Sie diesen ebenfalls fein.

2 Geben Sie Kokosöl in eine große Pfanne und braten Sie darin Zwiebeln und Knoblauch 5 Minuten, bis diese goldbraun sind.

3 Fügen Sie Ingwer, Kurkuma, Garam Masala, Kreuzkümmel, Chilipulver, Salz, Pfeffer, Zimt und Cayennepfeffer hinzu und vermischen Sie alles gründlich. Die Mischung soll weitere 1 bis 2 Minuten kochen.

4 Geben Sie anschließend den Tofu zur Mischung und braten Sie ihn einige Minuten an.

5 Fügen Sie Kokosmilch, Tomatensoße, Zitronensaft, Zimtstange und Bohnen zum Inhalt des Topfes hinzu und kochen Sie das Ganze bei mittlerer Hitze zugedeckt 60 Minuten.

6 Anschließend das Gericht auf den Tellern servieren, nach Bedarf etwas würzen.

SPARGEL MIT BLUMENKOHLREIS

2 Port. 35 Min. Leicht

Zutaten

500 g grüner Spargel
750 g Blumenkohlreis
100 g Walnüsse
Etwas Salz & Pfeffer
Etwas Olivenöl

Nährwerte p. P.

870 kcal
16 g Kohlenhydrate
60 g Fett
20 g Eiweiß

1 Heizen Sie den Ofen auf 200 Grad Ober- und Unterhitze oder auf 180 Grad Umluft vor.

2 Teilen Sie den Spargel in zwei Bündel und backen Sie diesen im Ofen 20 – 25 Minuten, bis er knusprig ist. Geben Sie die Walnüsse in den letzten 5 Minuten hinzu.

3 Während der Spargel gart, bereiten Sie den Blumenkohlreis zu. Erwärmen Sie diesen in einer Pfanne und braten Sie ihn mit viel Olivenöl an. Würzen Sie ihn mit Petersilie.

4 Servieren Sie den fertigen Spargel zusammen mit dem Blumenkohlreis auf den Tellern.

WÜRZIGE GEMÜSEPFANNE MIT FENCHEL UND CHAMPIGNONS

2 Port. 30 Min. Mittel

Zutaten

100 g Champignons
25 ml Kokosöl
10 g Ingwer
6 Cherrytomaten
Etwas Tabasco
2 EL Limettensaft
1 Fenchel
1 rote Zwiebel
1 Msp. Pfeffer
1 TL Limettenschale, gerieben
½ TL Salz
½ TL Chiliflocken

Nährwerte p. P.

164 kcal
9 g Kohlenhydrate
13 g Fett
4 g Eiweiß

1 Entfernen Sie den oberen Teil vom Fenchel und schneiden Sie den Kern heraus. Zerteilen Sie den Fenchel in schmale Stücke und reinigen Sie diese gründlich.

2 Schälen Sie den Ingwer und schneiden Sie diesen in dünne Scheiben. Reinigen Sie die Tomaten, vierteln Sie diese, säubern Sie die Champignons und zerkleinern Sie diese ebenfalls in dünne Scheiben. Die Zwiebel schälen, halbieren und in feine Ringe schneiden.

3 Erwärmen Sie Kokosöl in einer Pfanne und rösten Sie kurz darin Ingwer zusammen mit Chiliflocken an. Achten Sie darauf, dass es nicht verbrennt. Geben Sie anschließend den Fenchel dazu und braten Sie ihn 3 - 4 Minuten mit.

4 Fügen Sie Zwiebel, Champignons und Tomaten hinzu und vermischen Sie alles gut miteinander.

5 Raspeln Sie die Schale der Limette ab und geben Sie diese zusammen mit dem Saft zur Gemüsemischung. Würzen Sie das Ganze mit Salz, Pfeffer sowie ein paar Tropfen Tabasco. Nach Bedarf etwas Chiliflocken hinzugeben.

6 Reduzieren Sie die Hitze auf niedrige Stufe und bedecken Sie die Pfanne mit einem Deckel. Das Gericht einige Zeit köcheln, bis dieses eine angenehm weiche Konsistenz hat.

7 Anschließend auf Tellern servieren und warm genießen.

Fingerfood und Snacks

KETO-PIZZASCHNECKEN

28 Port. | 50 Min. | Leicht

Zutaten

100 g Mandelmehl, entölt
2 Eier
150 g Magerquark
30 ml Öl
3 TL Flohsamenschalenpulver
2 TL Backpulver
1 TL Xanthan
1 TL Salz
Bambusfasern
200 g Pesto

Nährwerte p. P.

60 kcal
0 g Kohlenhydrate
4 g Fett
3 g Eiweiß

1 Mischen Sie Mandelmehl, Flohsamenschalenpulver, Xanthan, Salz und Backpulver miteinander.

2 Fügen Sie Magerquark, Öl, Eier und heißes Wasser hinzu und rühren Sie alles so lange zusammen, bis sich alle Zutaten vermengt haben.

3 Wickeln Sie den Teig in Frischhaltefolie und stellen Sie diesen für 30 Minuten kalt.

4 Heizen Sie den Ofen auf 180 Grad Ober- und Unterhitze vor.

5 Teilen Sie den Teig in zwei Hälften und rollen Sie jede Hälfte auf einer bemehlten Arbeitsfläche, zum Beispiel auf Bambusfasern, zu einem Rechteck aus.

6 Bestreichen Sie die Rechtecke mit der Hälfte des Pestos und rollen Sie es vorsichtig entlang der Länge auf. Schneiden Sie fingerdicke Scheiben von der Teigrolle ab und legen Sie diese auf ein mit Backpapier ausgelegtes Backblech.

7 Backen Sie die Schnecken circa 30 – 35 Minuten und servieren Sie diese warm oder kalt.

CHILI-CHEESE-BÄLLCHEN AUF KETOGENE ART

24 Port. 25 Min. Leicht

Zutaten

100 g geraspelter Gouda
50 g Jalapeños
2 Eiweiße

Nährwerte p. P.

16 kcal
0 g Kohlenhydrate
1 g Fett
1 g Eiweiß

1 Heizen Sie den Ofen auf 180 Grad Ober- und Unterhitze vor.

2 Schlagen Sie das Eiweiß, bis es steif ist, und schneiden Sie die Jalapeños in kleine Stückchen. Mischen Sie Gouda und Jalapeños unter.

3 Fügen Sie das aufgeschlagene Eiweiß hinzu und heben Sie es unter.

4 Setzen Sie 24 Teigtropfen auf ein mit Backpapier ausgelegtes Backblech und backen Sie diese im Ofen 14 - 16 Minuten, bis sie goldbraun sind.

5 Die fertigen Bällchen anschließend aus dem Ofen nehmen und auf Tellern servieren.

AUBERGINEN-KNOBLAUCH-BRUSCETTA

2 Port. 25 Min. Leicht

Zutaten

10 EL Olivenöl
8 Cherrytomaten
2 EL Basilikum
1 Aubergine
1 Knoblauchzehe
1 Msp. Pfeffer
½ TL Salz
½ EL Weißweinessig
½ rote Zwiebel

Nährwerte p. P.

371 kcal
7 g Kohlenhydrate
36 g Fett
2 g Eiweiß

1 Heizen Sie den Ofen auf 220 Grad Ober- und Unterhitze oder auf 200 Grad Umluft vor.

2 Reinigen Sie die Aubergine, entfernen Sie die Endstücke und zerteilen Sie die Aubergine in 1 cm dicke Scheiben.

3 Träufeln Sie Olivenöl auf beide Seiten der Auberginenscheiben und platzieren Sie diese auf einem mit Backpapier ausgelegten Blech.

4 Die Auberginen 10 Minuten im Ofen backen, anschließend drehen und weitere 10 Minuten backen.

5 Reinigen Sie in der Zwischenzeit die Tomaten und zerkleinern Sie diese so klein wie möglich.

6 Würfeln Sie die Zwiebel, pressen Sie den Knoblauch aus und hacken Sie das Basilikum klein.

7 In einer Schüssel Tomaten, Zwiebeln, Basilikum, Knoblauch, Olivenöl, Salz, Pfeffer und Weißweinessig kombinieren und miteinander vermischen.

8 Die fertigen Auberginen abkühlen und anschließend die Gemüsemischung darauf verteilen und auf Tellern servieren.

Süßspeisen und Desserts

SCHOKO-CREME-DESSERT

4 Port. | 1 Std. 10 Min. | Leicht

Zutaten

120 ml Schlagsahne
120 ml Cashew-Milch
60 g Butter
60 g zuckerfreie Schokolade
15 g Rohkakaopulver
45 g Erythrit
2 Eier
½ TL Espresso-Pulver

Nährwerte p. P.

203 kcal
6 g Kohlenhydrate
20 g Fett
3 g Eiweiß

1 Erhitzen Sie Sahne, Cashew-Milch und Butter in einem Kochtopf kurz bis zum Siedepunkt und stellen Sie dieses zur Seite.

2 Vermengen Sie Schokolade, rohes Kakaopulver, Espresso-Pulver und Erythrit gründlich in einem Mixer.

3 Die Mischung aus Sahne und Milch hinzugeben und alles zu einer cremigen Masse mixen.

4 Fügen Sie die Eier hinzu und vermengen Sie alles erneut miteinander.

5 Verteilen Sie die Masse auf vier Dessertgläser und stellen Sie diese für 60 Minuten in den Kühlschrank, damit es fest wird.

LOCKERER KETO-ZITRONENKUCHEN

10 Port. | 55 Min. | Leicht

Zutaten

240 g Mandelmehl
70 g Erythrit
10 g Backpulver
1 Prise Salz
175 g Quark
3 Eier
50 ml Zitronensaft
1 EL Zitronenabrieb
50 g Erythrit-Puder
1 EL Zitronensaft

Utensilien

Kastenform 10 × 20 cm

Nährwerte p. P.

167 kcal
19 g Kohlenhydrate
13 g Fett
9 g Eiweiß

1 Heizen Sie den Ofen auf 160 Grad Ober- und Unterhitze vor.

2 Fetten Sie eine Kastenbackform mit Butter ein.

3 Geben Sie alle trockenen Zutaten in eine Schüssel und vermischen Sie diese.

4 Fügen Sie die restlichen Zutaten hinzu und verrühren Sie diese ebenfalls.

5 Gießen Sie die Mischung in die Kastenform und backen Sie diese 40 – 50 Minuten im Ofen.

6 Den fertigen Kuchen anschließend abkühlen und mit einem Messer aus der Form lösen.

7 Vermengen Sie Erythrit-Puder mit Zitronensaft in einer Schüssel und verteilen Sie die Glasur über dem Kuchen.

KETOGENE BROWNIES

15 Port. 30 Min. Leicht

Zutaten

115 g Mandelmehl
140 g Erythrit
50 g Kakaopulver
1 TL Backpulver
1 Prise Salz
75 ml Kokosöl
3 EL Wasser
2 Eier
1 TL Vanilleextrakt

Utensilien

Backform 20 × 20 cm

Nährwerte p. P.

95 kcal
4 g Kohlenhydrate
9 g Fett
3 g Eiweiß

1 Heizen Sie den Ofen auf 180 Grad Ober- und Unterhitze vor.

2 Fetten Sie eine Backform mit Butter ein.

3 Geben Sie alle Zutaten in eine Schüssel und vermischen Sie diese gut miteinander.

4 Füllen Sie die Mischung in die Backform und glätten Sie die Oberfläche sanft.

5 Backen Sie das Ganze circa 20 Minuten.

6 Die fertigen Brownies anschließend vollständig in der Form abkühlen lassen, damit sie fester werden.

7 Schneiden Sie die Brownies in 15 Stücke und dekorieren Sie diese optional mit frischen Beeren.

KOKOSKUGELN

8 Port. | 1 Std., 25 Min. | Leicht

Zutaten

1 EL Kokosraspeln
1 EL Eiweißpulver Vanille
1 EL Mandelmehl
2 EL Kokosmilch
8 ganze Mandeln
2 EL Kokosraspeln

Nährwerte p. P.

40 kcal
0 g Kohlenhydrate
3 g Fett
1 g Eiweiß

1 Geben Sie Kokosraspeln, Eiweißpulver und Mandelmehl in eine Schüssel und vermischen Sie alles gut miteinander.

2 Fügen Sie Kokosmilch hinzu und rühren Sie alles durch.

3 Formen Sie aus der Masse kleine Kugeln und drücken Sie jeweils eine Mandel in die Mitte der Kugeln.

4 In einer separaten Schüssel platzieren Sie weitere Kokosraspeln und rollen die Teigkugeln darin, damit diese von außen mit den Raspeln bedeckt sind.

5 Stellen Sie die Kugeln anschließend für 60 Minuten kalt, bevor Sie diese servieren.

SCHOKO-CROSSIES MIT WALNÜSSEN

20 Port. 2 Std. 10 Min. Leicht

Zutaten

3,5 EL Honig
2 EL Mandelmus
1 EL Kokosöl
¼ TL Vanillepulver
2 EL Kakaopulver
25 g gehackte Mandeln
25 g zuckerfreie Schokolade
50 g Kokosflocken
25 g Mandelmehl
25 g Walnüsse

Nährwerte p. P.

71 kcal
3 g Kohlenhydrate
5 g Fett
1 g Eiweiß

1 Erhitzen Sie Honig, Mandelmus und Kokosöl in einem Kochtopf.

2 Fügen Sie die übrigen Zutaten dazu und mischen Sie alles gründlich durch.

3 Formen Sie aus dem Teig etwa 20 kleine Kekse, zwei Löffel können dabei helfen.

4 Verteilen Sie die Kekse auf einem mit Backpapier ausgelegten Backblech und kühlen Sie die Crossies für 1 - 2 Stunden im Kühlschrank ab.

5 Servieren Sie diese anschließend kalt.

KETOGENE TRÜFFEL-PRALINEN

20 Port. 25 Min. Leicht

Zutaten

2 EL Butter
2 EL Frischkäse
2 EL gemahlene Mandeln
2 EL Kokosmehl
2 EL Erythrit
1 Prise Salz
½ TL Spekulatius-Gewürz
2 EL Backkakao

Nährwerte p. P.

28 kcal
1 g Kohlenhydrate
1 g Fett
0 g Eiweiß

1 Erwärmen Sie Butter und Frischkäse kurz in der Mikrowelle und fügen Sie das Spekulatius-Gewürz hinzu.

2 Mischen Sie gemahlene Mandeln, Kokosmehl und Erythrit mit Salz und geben Sie diese Mischung zur Butter-Frischkäse-Masse hinzu.

3 Formen Sie den Teig zu einer 1 cm dicken Rolle und wickeln Sie diese in eine Frischhaltefolie ein. Legen Sie die Rolle für 15 Minuten ins Gefrierfach.

4 Formen Sie anschließend circa 20 Kugeln aus der Rolle und rollen Sie diese im Backkakao.

CHIA-HIMBEEREN-DESSERT

1 Port. 25 Min. Leicht

Zutaten

4 EL Chiasamen
100 ml Kokosmilch
1 Msp. Vanillepulver
Etwas Agavendicksaft
1 Handvoll TK Himbeeren
1 Handvoll Cashewkerne

Nährwerte p. P.

226 kcal
8 g Kohlenhydrate
18 g Fett
5 g Eiweiß

1 Mischen Sie Chiasamen und Vanillepulver mit Kokosmilch in einem Glas und weichen Sie die Mischung 20 Minuten ein. Um eine glatte Konsistenz zu bekommen, rühren Sie die Masse gelegentlich um.

2 Tauen Sie Himbeeren auf und pürieren oder zerdrücken Sie diese zu einer Paste. Für zusätzliche Süße fügen Sie etwas Agavendicksaft hinzu und rühren Sie noch einmal um.

3 Verteilen Sie anschließend das Fruchtpüree auf dem Pudding und garnieren Sie es nach Belieben mit Nüssen.

CREMIGER SCHOKO-PUDDING MIT MANDELN

2 Port. 40 Min. Leicht

Zutaten

75 g griechischer Joghurt
15 g Proteinpulver Vanille
1 TL Kokosöl, flüssig
½ TL Kakao, zuckerfrei
2 Msp. Stevia
Etwas Mandeln

Nährwerte p. P.

105 kcal
3 g Kohlenhydrate
6 g Fett
9 g Eiweiß

1 Vermischen Sie Joghurt und Kokosöl in einer Schale zusammen.

2 Fügen Sie anschließend Proteinpulver, Vanilleextrakt, Kakao und Stevia hinzu und rühren Sie alles gut durch.

3 Verteilen Sie den Joghurt gleichmäßig auf zwei Schälchen und garnieren Sie diese mit Mandeln.

4 Stellen Sie den Pudding für 30 Minuten in den Kühlschrank, damit er fest wird.

ERDNUSSBUTTER-PRALINEN

35 Port. | 1 Std. 15 Min. | Leicht

Zutaten

Boden

80 g Proteinpulver
125 g Erdnussbutter
50 g Erythrit
1 TL Vanilleextrakt
120 g Butter

Glasur

80 g Schokolade, zuckerfrei
2 EL Erdnussbutter

Utensilien

Viereckige Backform
24 × 2cm

Nährwerte p. P.

25 kcal
1 g Kohlenhydrate
3 g Fett
0 g Eiweiß

1 Eine quadratische Backform mit Backpapier auslegen.

2 Schmelzen Sie die Butter und kombinieren Sie in einer Schüssel Butter, Proteinpulver, Zuckerzusatz, Stevia und Erdnussbutter. Verrühren Sie alles gründlich.

3 Gießen Sie die Mischung in die vorbereitete Backform, glätten Sie die Masse und drücken Sie diese fest an.

4 Für die Glasur schmelzen Sie Schokolade und Erdnussbutter zusammen und verteilen Sie diese über der Erdnussmischung.

5 Die Masse für mindestens 60 Minuten in den Kühlschrank stellen, damit es fest wird.

6 Heben Sie anschließend die Masse vorsichtig mit dem Backpapier aus der Form und schneiden Sie diese in 35 Pralinenstücke.

SCHOKO-KUCHEN AUF KETOGENE ART

8 Port. | 45 Min. | Leicht

Zutaten

4 Eier
90 g Erythrit
60 ml Mandelmilch
2 EL Kokosöl
180 g gemahlene Mandeln
40 g Backkakao
2 TL Backpulver
1 Prise Salz

Utensilien

Backform 20 cm Durchmesser

Nährwerte p. P.

171 kcal
9 g Kohlenhydrate
15 g Fett
6 g Eiweiß

1 Den Ofen auf 175 Grad Ober- und Unterhitze vorheizen.

2 Eine kleine Backform einfetten und mit Mandeln bestreuen.

3 Schlagen Sie in einer Schale Eigelb zusammen mit dem Süßungsmittel mithilfe eines Handmixers zu einer schaumigen Masse.

4 Schlagen Sie das Eiweiß, bis es steif ist.

5 Rühren Sie das flüssige Kokosöl und Mandelmilch in die Eiermischung ein.

6 Kombinieren Sie Mandeln, Backpulver, Salz und Kakao und rühren Sie diese Mischung vorsichtig unter. Heben Sie anschließend den geschlagenen Eischnee unter.

7 Füllen Sie den Teig in die Form und glätten Sie die Oberfläche.

8 Backen Sie den Kuchen 30 Minuten auf mittlerer Schiene. Sobald er fertig ist, abkühlen lassen und in 8 Stücke schneiden.

ZUCKERFREIE SCHOKO-COOKIES

25 Port. 25 Min. Leicht

Zutaten

30 g Backkakao
30 ml heißes Wasser
2 Eier
30 g Butter
110 g Erythrit
60 g Mandelmehl
60 g Weizenmehl
1 TL Backpulver
¼ TL gemahlene Vanille

Nährwerte p. P.

35 kcal
1 g Kohlenhydrate
2 g Fett
2 g Eiweiß

1 Vermischen Sie zunächst Kakaopulver mit heißem Wasser zu einer Paste.

2 Verrühren Sie Butter und Erythrit miteinander, bevor Sie die Eier hinzufügen. Schlagen Sie das Ganze zu einer leichten Creme auf.

3 Heizen Sie den Ofen auf 175 Grad Ober- und Unterhitze vor und legen Sie ein Backblech mit Backpapier aus.

4 Fügen Sie Mehl und Backpulver hinzu und rühren Sie alles gründlich mit der Kakaopaste durch. Wenn der Teig zu feucht erscheint, geben Sie zusätzlich 1 TL Mandelmehl hinzu.

5 Nehmen Sie zwei Löffel, um kleine Häufchen auf das Backblech zu setzen.

6 Die Kekse müssen 12 - 15 Minuten backen. Nach dem Herausnehmen sind diese noch etwas weich, härten aber nach kurzer Zeit aus.

GESUNDE PROTEIN-KEKSE

12 Port. 25 Min. Leicht

Zutaten

120 g Nussmus
40 g Erythrit
1 Ei
¼ TL Backpulver
½ TL Vanilleextrakt
40 g Mehrkomponenten-Proteinpulver
20 g Kokosmehl
2 Prisen Salz
1 EL Milch

Nährwerte p. P.

90 kcal
3 g Kohlenhydrate
6 g Fett
6 g Eiweiß

1 Mischen Sie gründlich Nussmus, Erythrit und Ei in einem Küchenzerkleinerer.

2 Fügen Sie Proteinpulver, Backpulver und Vanille hinzu und rühren Sie alles gut um.

3 Geben Sie anschließend Kokosmehl und Milch hinzu. Der Teig soll eher trockene Konsistenz haben. Wenn er zu bröckelig ist, geben Sie weitere 0,5 - 1 EL Milch hinzu.

4 Heizen Sie den Ofen auf 170 Grad Ober- und Unterhitze vor und legen Sie ein Backblech mit Backpapier aus.

5 Formen Sie aus dem Teig circa 12 Kugeln und verteilen Sie diese gleichmäßig auf dem Blech. Drücken Sie jeden Keks leicht flach an.

6 Backen Sie die Kekse 9 - 11 Minuten. Die fertigen Kekse müssen noch etwas weich sein. Abkühlen lassen und in einem luftdichten Behälter lagern.

MANDEL-MUFFINS

12 Port. | 25 Min. | Leicht

Zutaten

80 g Butter
110 g Erythrit
6 Eier
80 g Kokosmehl
80 g Mandeln
1 Prise Salz
1 TL Backpulver
Etwas Nüsse

Utensilien

Muffinförmchen

Nährwerte p. P.

114 kcal
6 g Kohlenhydrate
10 g Fett
2 g Eiweiß

1 Heizen Sie den Ofen auf 175 Grad Ober- und Unterhitze vor.

2 Verrühren Sie Butter und Erythrit zu einer schaumigen Mischung in einer Schüssel.

3 Fügen Sie die Eier einzeln hinzu und rühren Sie diese gründlich um.

4 Vermischen Sie separat Kokosmehl, Mandeln, Salz und Backpulver. Geben Sie diese Mischung in die Butter-Eier-Mischung und vermengen Sie alles gut miteinander.

5 Geben Sie den Teig ohne Verzögerung in Muffinförmchen. Stellen Sie diese auf ein Blech und dekorieren Sie die Muffins mit etwas Nüssen.

6 Backen Sie die Muffins circa 18 Minuten im Ofen.

KOKOS-CREME-DESSERT

2 Port. | 1 Std.. 5 Min. | Leicht

Zutaten

400 ml Kokosmilch
3 TL Backkakao
1 EL Kakaostückchen
½ TL Zimt
2 EL Kokosraspeln
Etwas Erythrit

Nährwerte p. P.

540 kcal
7 g Kohlenhydrate
55 g Fett
5 g Eiweiß

1 Platzieren Sie die Kokosmilchdose über Nacht im Kühlschrank. Achten Sie darauf, diese am Morgen nicht zu schütteln, wenn Sie die Dose herausnehmen.

2 Öffnen Sie die Dose und füllen Sie die Creme, ohne Wasser, in eine Schüssel um.

3 Fügen Sie die übrigen Zutaten hinzu und verquirlen Sie das Ganze mithilfe eines Mixers mehrere Minuten auf niedriger Stufe zu einer Creme.

4 Servieren Sie die Creme in Schälchen mit frischen Beeren.

KOKOSMOUSSE MIT KETO-SCHOKOLADE

2 Port. 25 Min. Leicht

Zutaten

200 ml Schlagsahne
400 g griechischer Joghurt
Mark einer Vanilleschote
40 g Kokosraspeln
1 EL Kokosöl
50 g zuckerfreie Schokolade
2 EL Erythrit

Nährwerte p. P.

243 kcal
4 g Kohlenhydrate
24 g Fett
3 g Eiweiß

1 Mit einem Schneebesen oder einem Mixer die Sahne steif schlagen.

2 In einer separaten Schüssel Joghurt, Kokosflocken, Erythrit und 2 - 3 Tropfen Vanilleextrakt zusammenmischen.

3 Rühren Sie die Joghurtmischung in die zuvor aufgeschlagene Sahne ein, verwenden Sie dazu einen Löffel.

4 Schmelzen Sie in einer Schale mit warmem Wasser Schokolade mit Kokosöl, achten Sie darauf, dass kein Wasser in die Schokoladenmasse gelangt.

5 Die Kokoscreme in kleine Dessert-Gläser füllen und die geschmolzene Schokolade entweder als Topping oder als separate Schicht hinzufügen.

6 Die Gläser im Kühlschrank kühlen oder direkt servieren.

QUARK AUS BEERENMIX

2 Port.
4 Std. 15 Min.
Leicht

Zutaten

500 g Sojajoghurt
10 g Geschmackspulver, z. B. veganes Chunky Flavour
2 Päckchen Agar Gelatine
500 ml Wasser
200 g TK-Beeren

Nährwerte p. P.

243 kcal
4 g Kohlenhydrate
24 g Fett
3 g Eiweiß

1 Mischen Sie Joghurt und Geschmackspulver gründlich miteinander und stellen Sie die Mischung beiseite.

2 Bringen Sie Wasser in einem Kochtopf zum Siedepunkt, rühren Sie Agar Gelatine mit einem Schneebesen ein und lassen Sie es gut abkühlen.

3 Rühren Sie die Joghurt-Mischung unter und fügen Sie die aufgetauten Beeren hinzu.

4 Gießen Sie das Ganze in zwei Schalen und stellen Sie diese für 4 Stunden in den Kühlschrank.

WALNUSS-BROWNIES

16 Port. | 30 Min. | Leicht

Zutaten

180 ml Avocado-Öl
150 g Erythrit
3 Eier
½ TL Vanilleextrakt
50 g Mandelmehl
35 g Kakaopulver
½ TL Backpulver
¼ TL Salz
65 g Walnüsse

Utensilien

Quadratische Backform 23 cm

Nährwerte p. P.

113 kcal
2 g Kohlenhydrate
15 g Fett
3 g Eiweiß

1 Heizen Sie den Ofen auf 160 Grad Ober- und Unterhitze oder auf 140 Grad Umluft vor.

2 Fetten Sie eine quadratische Backform ein.

3 In einer großen Schüssel Öl, Süßstoff, Eier und Vanilleextrakt gut miteinander vermischen. Anschließend Mandelmehl, Kakao, Backpulver und Salz hinzugeben und gut einrühren. Die Mischung in die Backform füllen.

4 Backen Sie das Ganze 20 Minuten, bis der Rand des Teigs fest ist und die Mitte weich.

5 Nehmen Sie die Backform aus dem Ofen und stellen Sie die Brownies zum Abkühlen.

6 Anschließend in 16 Stücke zerteilen und auf den Tellern servieren.

KOKOS-VANILLE-TÖRTCHEN

8 Port. | 3 Std. 40 Min. | Mittel

Zutaten

230 ml Schlagsahne
150 g Erythrit
120 ml Kokosmilch
4 Eier
60 g Butter
125 g Kokosraspeln
3 EL Kokosmehl
½ TL Backpulver
½ TL Vanilleextrakt
½ TL Salz

Utensilien

Backform 24 cm Durchmesser

Nährwerte p. P.

317 kcal
6 g Kohlenhydrate
29 g Fett
2 g Eiweiß

1 Heizen Sie den Ofen auf 180 Grad Ober- und Unterhitze oder auf 160 Grad Umluft vor.

2 Fetten Sie eine 24-cm-Backform ein.

3 Geben Sie Sahne, Erythrit, Kokosmilch, Eier und Butter in einen Standmixer und vermischen Sie dieses gründlich miteinander.

4 Fügen Sie 100 g Kokosraspeln, Kokosmehl, Backpulver, Vanilleextrakt und Salz hinzu und mixen Sie die Zutaten noch einmal.

5 Die fertige Mischung in die Form füllen und mit den verbliebenen Kokosraspeln garnieren.

6 Die Masse anschließend 40 – 50 Minuten backen, der Teig soll an den Rändern fest sein, während die Mitte etwas weich ist.

7 Nach dem Backen die Mischung 30 Minuten abkühlen, in 8 Stücke schneiden und anschließend für 2 Stunden zum vollständigen Durchkühlen in den Kühlschrank stellen.

Getränke

SELBST GEMACHTE MANDELMILCH

1 Port. 25 Min. Leicht

Zutaten

100 g blanchierte Mandeln
750 ml Wasser
Etwas Stevia
1 Prise Salz

Nährwerte p. P.

58 kcal
1 g Kohlenhydrate
5 g Fett
2 g Eiweiß

1 Um die Mandelmilch herzustellen, benötigen Sie einen leistungsstarken Mixer. Geben Sie Mandeln zuerst in den Mixer und zerkleinern Sie diese.

2 Fügen Sie allmählich Wasser hinzu, bis eine milchige Konsistenz erreicht ist.

3 Die Flüssigkeit soll anschließend durch ein Küchentuch gefiltert werden.

4 Zum Schluss die Milch mit Stevia und mit einer Prise Salz nach Geschmack verfeinern und in ein Glas geben.

FENCHEL-ZITRONENTEE MIT FRISCHEM BASILIKUM

4 Port. 30 Min. Leicht

Zutaten

5 TL Fencheltee, lose
1 Zitrone
2 Stängel frisches Basilikum
1 L Wasser
Eiswürfel

Nährwerte p. P.

22 kcal
2 g Kohlenhydrate
1 g Fett
1 g Eiweiß

1 Zitrone mit heißem Wasser reinigen, abspülen und trocken reiben, anschließend in Scheiben schneiden.

2 Das Basilikum säubern, die Blätter von den Stielen entfernen.

3 Geben Sie Fencheltee in einen Teebeutel oder in ein Teegefäß und gießen Sie ihn mit kochendem Wasser auf. Der Tee soll circa 8 Minuten ziehen und zum Schluss herausgenommen werden.

4 Fügen Sie Zitronenscheiben hinzu und kühlen Sie alles ab.

5 In den abgekühlten Tee Basilikumblätter geben und weiterhin im Kühlschrank abkühlen.

6 Geben Sie vor dem Servieren Eiswürfel in den Zitronentee und genießen Sie ihn.

28-Tage Ernährungsplan

	Frühstück	Mittagessen	Abendessen
Montag	Fluffige Ketogen-Pfannkuchen	Hähnchen-Zuccini-Spieße	Blumenkohl-Suppe
Dienstag	Orientalischer Dip mit Auberginen	Rindersteak nach englischer Art	Sommersalat mit Speck und Hühnchen
Mittwoch	Baconmuffins mit Ei	Lachs mit Ofen-Gemüse	Rote-Bete-Radieschen-Suppe
Donnerstag	Indische Raita mit Knoblauch	Orientalische Gemüsepfanne mit Spiegelei	Ketogener Tofu-Salat
Freitag	Baconmuffins mit Ei	Zanderfilet mit pikanter Senfsoße	Curry-Tomaten-Suppe
Samstag	Quark aus Beerenmix	Schweinekoteletts mit knusprigem Speck	Sommerlicher Avocado-Tomaten-Salat
Sonntag	Wraps mit Hähnchenbrustfilet	Grillpfanne-Zucchini mit Feta	Kokosmilch-Wirsing-Bouillon

Montag	Power-Bowl mit Haferflocken und Blaubeeren	Spargel mit Pistazien und Hollandaise Soße	Sommer-Salat mit Speck und Hühnchen
Dienstag	Leinsamen mit Erdnusstopping-Breakfast	Schnitzel mit Blumenkohl-Püree	Leichte Miso-Suppe mit Hähnchen
Mittwoch	Vegane Creme mit Avocado und Knoblauch	Herzhafter ketogener Gemüsekuchen	Gemüsepfanne mit Firkadellen
Donnerstag	Power-Bowl mit Haferflocken und Blaubeeren	Sommerliche Lachs-Spinat-Röllchen	Cremige Suppe mit Champignons
Freitag	Pfannkuchen auf Ketogene Art	Hähnchen mit ketogenen Spaghetti	Nudelsalat aus Zucchini
Samstag	Frühstücks-Frittata mit Speck	Spargel mit Ei und Dressing	Gefüllte Paprika mit Frischkäse
Sonntag	Avocado-Snacks mit Ei und Bacon	Gemüsepfanne mit Frikadellen	Sommerliche Lachs-Spinat-Röllchen

Montag	Leinsamen mit Erdnusstopping-Breakfas	Räuchertofu mit Zucchini-Nudeln	Herbstliche Kürbiscreme-Suppe
Dienstag	Wraps mit Hähnchenbrustfilet	Hähnchen-Kohlrabi-Gratin	Gemüsepfanne mit Spargel
Mittwoch	Fluffige Ketogen-Pfannkuchen	Sommergemüse-Auflauf mit Mozzarella	Spaghetti mit Spinat auf ketogene Art
Donnerstag	Frühstückspizza mit Spiegelei	Gebratenes Zanderfilet	Nudelsalat aus Zucchini
Freitag	Breakfast-Eier mit griechischem Joghurt	Leichte Miso-Suppe mit Hähnchen	Udon-Suppe
Samstag	Leinsamen mit Erdnusstopping-Breakfast	Champignons mit Hähnchen und Artischocken	Brokkoli-Salat mit Bacon
Sonntag	Leinsamen mit Erdnusstopping-Breakfast	Spaghetti mit Spinat auf ketogene Art	Rote-Bete-Eintopf

Montag	Mediterraner Hummus	Gebackene Möhrensticks mit Feta	Klassische Lauchsuppe mit Hack
Dienstag	Frühstücks-Frittata mit Speck	Ofen-Frittata mit Spinat und Ricotta	Würzige Gemüsepfanne mit Fenchel und Champignons
Mittwoch	Breakfast-Eier mit griechischem Joghurt	Lachsfilet mit Spargel	Cremige Suppe aus Avocado
Donnerstag	Pfannkuchen auf ketogene Art	Gemüsepfanne mit Seelachsfilet	Cremige Suppe aus Avocado
Freitag	Orientalischer Dip mit Auberginen	Zucchini-Zoodles mit Feta-Käse	Salat-Mix nach griechischer Art
Samstag	Vegane Creme mit Avocado und Knoblauch	Doradenfilet in Safransoße	Herbstliche Kürbiscreme-Suppe
Sonntag	Keto-Brot mit Sonnenblumenkernen	Asiatische Garnelenpfanne mit Bohnen	Gemüsespieße mit würzigem Dressing